ESSAI

SUR LA

RESPONSABILITÉ CIVILE

ARTICLES 1382-1386 DU CODE CIVIL

PAR

Jos. WILLEMS

DOCTEUR EN DROIT

PARIS
A. FONTEMOING
Éditeur
4, RUE LE GOFF, 4

LOUVAIN
CH. PEETERS
Imprimeur-Éditeur
RUE DE NAMUR, 22

1896

ESSAI

SUR LA

RESPONSABILITÉ CIVILE

ARTICLES 1382-1386 DU CODE CIVIL

TOULOUSE. — IMP. A. CHAUVIN ET FILS, RUE DES SALENQUES, 28.

ESSAI

SUR LA

RESPONSABILITÉ CIVILE

ARTICLES 1382-1386 DU CODE CIVIL

PAR

Jos. WILLEMS

DOCTEUR EN DROIT

PARIS
A. FONTEMOING
Éditeur
4, RUE LE GOFF, 4

LOUVAIN
CH. PEETERS
Imprimeur-Éditeur
RUE DE NAMUR, 22

1896

INTRODUCTION

1. — *Place de la matière dans le Code. — Critiques.*

Le législateur, après avoir consacré un titre du Code civil principalement aux conventions, traite, dans un titre indépendant, des engagements qui se forment sans convention. Parmi ces engagements se trouvent les délits et les quasi-délits.

Cette division implique-t-elle une différence entre l' « obligation » du titre troisième et l'engagement dont parle le quatrième titre?

Certes non. Il est superflu de faire remarquer que le délit et le quasi-délit, de même que le quasi-contrat et l'engagement qui naît de la loi (art. 1370), constituent, au même titre que la convention, des obligations au sens juridique du mot.

Aussi pouvons-nous faire un double reproche au Code : 1° d'employer, en traitant des contrats, le terme plus large d'obligation, ainsi que le prouvent notamment les articles 1131 et 1147, tandis qu'il est certain que la convention n'est pas l'unique source des obligations, qu'elle ne forme, au contraire, que l'espèce du genre;

2° De ne pas prononcer le mot obligation, dans le titre qui nous occupe, terme qu'il remplace invariablement par celui d' « engagement, » alors que ces expressions sont synonymes.

Certains auteurs ont contesté la logique de la division du Code, à l'endroit qui nous occupe. Nous nous bornerons à mentionner ces critiques, sans prendre parti ; il ne s'agit d'ailleurs pas ici d'une question de principe, mais simplement d'un point de rédaction.

La première critique, nous l'avons fait entendre, concerne la scission faite entre les contrats et les engagements non conventionnels.

Il peut, au point de vue théorique, paraître plus rationnel « de s'occuper d'abord des obligations en général, et d'établir, dans cette première partie, tous les principes sur la nature, l'extinction et la preuve des obligations, quelle que soit leur source; puis d'examiner ce qui est spécial à chacune de ces sources (1). »

M. Laurent, le célèbre professeur de l'Université de Gand, dans son *Avant-projet de revision du Code civil*, s'est donné pour mission de corriger ce vice de classification.

Comprenant toutes les obligations dans un seul et même titre, il traite des délits et quasi-délits dans un premier chapitre consacré aux sources des obligations, tandis que trois chapitres suivants contiennent les principes relatifs aux différentes espèces d'obligations, à l'extinction et à la preuve des obligations (2).

L'explication de la rédaction actuelle se trouve, pensons-nous, tout entière dans l'importance, incontestablement plus considérable, des relations conventionnelles parmi les sources des obligations civiles.

Une deuxième critique que Laurent adresse encore à la partie du Code dont nous nous occupons, vise la trop grande assimilation du quasi-contrat au délit et quasi-délit.

L'éminent jurisconsulte dit à ce sujet : « Le Code civil semble assimiler les délits et les quasi-délits aux quasi-contrats; il y a, en effet, cette analogie que, dans les deux ordres de faits juridiques, l'obligation résulte d'un fait personnel à celui qui se trouve obligé, mais il y a une différence capitale : dans les premiers, il y a volonté déclarée ou présumée de s'obliger, tandis que l'auteur d'un fait dommageable ne commet pas le délit pour donner une action en dommages-intérêts (3). » L'avant-projet de Laurent porte remède à cette situation.

Sans vouloir contester le mérite de ces observations, nous pensons, qu'en pratique, on peut y faire de sérieuses objections.

La satisfaction donnée à ces critiques, qui visent toutes deux la forme, aurait l'inconvénient d'exiger un remaniement com-

(1) Léon Mabille, *Programme du cours de droit civil professé à Louvain*, t. II, p. 1.

(2) F. Laurent, *Avant-projet de revision du Code civil*. Bruxelles, Bruylant-Christophe, 1884.

(3) Laurent, *Droit civil international*, t. VIII, p. 21.

plet de l'ordre des dispositions du Code, et le choix d'une nouvelle division ne serait pas exempt de difficultés.

Quoi qu'il en soit de cette controverse, il est incontestable que la rédaction actuelle du Code peut donner lieu à des doutes en différents points.

Nous examinerons ici deux questions d'une grande importance à notre point de vue, en ce qu'elles déterminent la portée de notre matière, et les dispositions que nous pouvons lui appliquer.

La première difficulté est de savoir si certains textes du titre troisième conviennent à notre matière.

Cette question ne peut faire de doute. Nous répondons, avec Laurent, que « dans le titre des dispositions conventionnelles, il y a un grand nombre de dispositions que l'on doit appliquer aux engagements qui se forment sans convention (1). »

En effet, les délits et les quasi-délits doivent être soumis à certaines règles en ce qui concerne notamment leur extinction et leur preuve, matières qui ne se trouvent traitées que dans le titre troisième.

A notre avis, le Code est mal classifié à cet égard; il émet pêle-mêle des règles générales et des règles plus spéciales dans le titre « des obligations conventionnelles. »

Les expressions mêmes du Code, nous l'avons vu, ne sont pas d'une correction parfaite. Il en résulte que la question d'applicabilité se représente pour chaque subdivision du titre des contrats en particulier. S'il est certain que le texte des articles 1101 à 1167 prévoit uniquement le cas d'une convention entre parties, il n'en est plus de même des articles suivants. Remarquons d'ailleurs que certains articles, compris dans la partie purement conventionnelle, peuvent, par analogie, être invoqués dans notre matière (notamment les art. 1148-1149). Mais lorsque le législateur traite « des diverses espèces d'obligations, » « de l'extinction des obligations, » « de la preuve des obligations, » il consacre tantôt des règles uniquement applicables aux conventions, tels les articles 1168 et suiv., 1185, 1302..., tantôt, au contraire, des règles propres aux obligations non contractuelles aussi bien qu'aux contrats (art. 1202).

(1) *Avant-projet de revision*, t. IV, p. 4, n° 8.

Le législateur fait d'ailleurs une allusion directe à notre matière, au cours du titre troisième, dans l'article 1348.

Que devons-nous conclure de là ? Que seules les règles, qui, d'après leur texte ou par la force même des choses, sont spéciales aux conventions, ne peuvent être invoquées dans notre matière. La seconde difficulté qui nous préoccupe est plus délicate : de la solution qu'elle recevra dépendent plusieurs questions pratiques.

Nous venons de voir que les articles 1101 à 1167 sont d'application exclusive au contrat; parmi ces articles se trouvent la matière « des dommages-intérêts résultant de l'inexécution de l'obligation. » (art. 1146 à 1155.)

La question qui se pose est de savoir quelle est la portée respective de ces articles 1146 et suiv. et des articles 1382 et suivants ?

Y a-t-il là deux principes distincts? Si oui, à quoi les distinguer? Quel domaine réserver à chacun d'eux?

Un seul et même fait peut-il permettre de recourir au choix, à l'une ou l'autre de ces règles?

Nous pensons, avec la presque unanimité de la doctrine, qu'il y a deux espèces de fautes distinctes, la faute délictuelle et la faute contractuelle, et non pas que toute faute est délictuelle, comme l'a soutenu M. Lefebvre (1).

Il faut, comme l'a si bien dit M. Sainctelette, ministre d'Etat de Belgique : que des obligations distinctes et diverses dans leur exécution restent distinctes dans leur inexécution (2).

Il est évident que le législateur, en traitant de la question des dommages-intérêts à deux endroits différents du Code, a dû avoir en vue des cas qui n'étaient pas identiques. Sinon, à quoi bon cette redite?

De plus, les règles qui dominent ces deux expèces de fautes, contractuelle et délictuelle, nous révèlent de grandes divergences.

Tandis que le manquement purement contractuel exige une

(1) Sainctelette, *La jurisprudence qui s'éloigne et la jurisprudence qui s'approche.* L'auteur, dans cette brochure, réfute victorieusement l'opinion du pseudo M. Lefebvre. Voir p. 3 et suiv.

(2) *Ibid.*, p. 5.

mise en demeure, le fait prévu par l'article 1382 constitue à lui seul le débiteur en demeure.

Tandis qu'il suffit, en matière contractuelle, que le créancier établisse le dommage qui constitue l'inexécution du contrat, sans devoir apporter la preuve d'une faute spéciale, celle-ci, au contraire, est impérieusement exigée en matière délictuelle.

Une troisième différence, bien réelle, qui distingue ces deux ordres de principes réside dans le degré de gravité de la faute exigé dans chaque cas ; nous y reviendrons plus loin. Cette différence résulte de la comparaison des articles 1137 et 1383.

Enfin l'article 1150 n'est-il pas incompatible avec notre matière ?

Ce premier point établi, une seconde question se présente d'elle-même. A quels signes pourra-t-on reconnaître s'il y a lieu d'appliquer l'une ou l'autre de ces fautes ?

Remarquons préalablement que, sans avoir égard à la source de la faute, le délit pénal permet toujours l'application des principes délictuels (1).

Cette opinion, qui paraît pouvoir se réclamer des travaux préparatoires sur la matière des délits et quasi-délits, dans lesquels Bertrand de Greuille s'est ainsi exprimé : « Ce principe » comprend tous les crimes, tous les délits, en un mot tout ce » qui blesse le droit d'autrui... (2), » — cette opinion, disons-nous, est parfaitement fondée en raison.

Le délit pénal, en effet, lorsqu'il cause un préjudice, suffit à lui seul et comme tel pour entraîner la responsabilité civile ; dès lors, pourquoi cette situation serait-elle anéantie par le fait que le délit constituerait une convention ? Celle-ci ne forme qu'un accessoire qui n'empêche en rien l'existence de la faute légale.

Ce que nous allons dire à l'instant éclaircira ce point.

A quel indice distinguerons-nous les deux espèces de fautes que nous avons reconnues ?

La faute, en droit, entendue d'une manière générale, consti-

(1) En ce sens : Laurent, *Principes de droit civil français* (1878), t. XX, p. 419; Ch. Sainctelette, *De la responsabilité et de la garantie*, p. 34. Paris, 1884, A. Marescq aîné.

(2) Fenet, *Travaux préparatoires du Code civil*, t. XIII, p. 474.

tue un manquement à un devoir, portant atteinte au droit d'autrui, ce que nous pouvons exprimer en disant qu'elle forme une lésion de droit (1).

Mais cette lésion de droit peut provenir de sources fort différentes. Il convient d'écarter, tout d'abord, l'atteinte portée à un droit purement moral; le code Napoléon n'a donné aucune sanction positive aux devoirs de conscience (2).

Les auteurs et la jurisprudence, nous l'avons dit, reconnaissent, en droit, deux sortes de fautes. Toute faute aura donc l'un ou l'autre de ces caractères : ou bien elle sera contractuelle, ou bien elle sera délictuelle.

Or, elle sera contractuelle chaque fois que la lésion du droit n'aura pu se produire que depuis le contrat avenu entre parties et par suite de celui-ci. Ainsi, ne pas livrer une marchandise promise est une faute contractuelle.

Et la faute sera légale, délictuelle, selon l'expression consacrée, chaque fois que le fait constitue un manquement à un devoir, en même temps qu'une atteinte à un droit, devoir et droit existant de par la loi positive, sans qu'aucune autre condition doive venir s'y ajouter.

« Tout fait quelconque de l'homme, qui cause à autrui un » dommage, oblige celui par la faute duquel il est arrivé à le » réparer. »

La généralité de ce texte ne s'opposerait même pas à ce que la faute contractuelle y soit comprise; mais l'intitulé du titre quatrième et l'existence de règles distinctes s'y opposent.

Si nous n'admettons, en principe, que deux fautes, à quelles règles rattacher l'inexécution des obligations légales dont parle l'article 1370?

L'inexécution de pareilles obligations formant un fait illicite,

(1) Voir plus loin la partie qui traite de l' « illicéité. »

(2) Tel est le devoir de porter secours à une personne que l'on voit attaquée, alors même qu'on lui est étranger. Aucun texte ne nous fait une obligation civile de ce point. A ce sujet, le Code portugais contient un article spécial dans lequel il consacre cette obligation, qui chez nous n'a aucune valeur légale : « Quiconque » est présent à des agressions de cette nature (violentes) est tenu de porter » secours à la personne attaquée, sans dépasser les limites de la légitime dé- » fense; et quiconque, ne devant courir aucun risque, s'abstient de s'opposer à » ces violences, sera passible de dommages-intérêts » (art. 2368). Traduction de F. Lepelletier, avocat à la Cour d'appel de Caen, 1894.

une atteinte à un droit légal, il en résulte qu'en principe, la faute délictuelle sera d'application. Il sera permis de s'écarter de la faute délictuelle commune au cas seulement où la loi prévoit une autre mesure de responsabilité. Tel est le cas de l'article 450, C. c.

Toujours nous voyons la jurisprudence appliquer les articles 1382 et suiv. à propos de la violation des devoirs existant entre propriétaires voisins (art. 1370).

La responsabilité du quasi-contractant nous paraît, logiquement, se rapprocher du contrat et, en conséquence, exiger l'application de la faute contractuelle. L'article 1374 l'exprime.

Reste une dernière question à résoudre. Peut-on se trouver, à propos d'un même fait, dans le cas d'appliquer indifféremment les règles de l'une ou l'autre de ces fautes?

Que la faute purement contractuelle exige l'application des articles 1146 et suiv. et empêche celle des articles 1382 et suiv., que, de même, la faute purement délictuelle s'oppose à l'application des articles 1146 et suiv., cela est d'évidence.

Alors que le législateur a mis en tête du titre dont nous nous occupons : « des engagements qui se forment sans convention, » ce serait singulièrement interpréter sa volonté que d'invoquer cette matière alors précisément que l'engagement aurait pour seule source une convention.

D'ailleurs, nous l'avons dit, les règles spéciales des articles 1146 et suiv. doivent avoir un but.

Mais faut-il entendre l'intitulé de notre titre de telle façon que, du moment qu'une convention vient se greffer sur une obligation légale, les principes délictuels doivent être écartés (1)?

Nous ne pouvons l'admettre. Les termes « des engagements qui se forment sans convention » ne signifient pas qu'aucun contrat ne puisse intervenir, mais bien qu'aucun contrat ne doit intervenir pour que l'article 1382 soit d'application, c'est-à-dire que celle-ci a lieu, même sans le secours du contrat, en vertu d'un principe supérieur : la loi.

Aussi pensons-nous qu'un même fait peut parfaitement réunir

(1) Comparez *Revue de l'administration* (belge), t. XXVI, p. 137.

à la fois les conditions de violation d'un contrat, et celles d'un manquement au texte des articles 1382 et suivants.

Cette situation se présentera chaque fois qu'un fait est culpeux, entraîne réparation, à un autre titre que celui de manquement au contrat ; chaque fois que la faute ne s'évanouit pas avec le contrat.

Il ne s'agit pas alors d'appliquer au choix, pour une même faute, deux ordres de règles distincts, mais bien d'appliquer à chacune de deux fautes qui peuvent coexister les règles qui lui sont spéciales.

Et dès lors, quel motif y aurait-il de sacrifier *a priori* l'une ou l'autre de ces dispositions ?

Concluons : Un même fait peut constituer et une faute délictuelle et une faute contractuelle, lorsque le manquement à la convention forme déjà antérieurement et supérieurement une lésion de droit, dont le droit positif exige réparation ; quand le cas se présente, le demandeur peut exercer un choix entre deux actions. Nous avons vu que tel est le cas du délit pénal qui a sa source dans l'inexécution d'une convention.

Examinons quelques applications pratiques du principe que nous venons de poser.

Le notaire, à raison de sa mission légale primant sa situation éventuelle de contractant, est soumis à la responsabilité délictuelle.

Aussi pensons-nous, avec le regretté professeur de Louvain, M. Maton, que : « quand le notaire est mandataire à l'occasion de la passation d'un acte de son ministère, ou en même temps, les principes (du mandat) sont applicables. En outre, sa responsabilité comme mandataire ne fait pas obstacle à la responsabilité qu'il peut encourir comme fonctionnaire public, en cas de faute professionnelle. Sa responsabilité est double. Mais les clients s'emparent, de préférence, de la responsabilité du mandataire, par la raison que ses effets sont plus considérables (1). »

Le question que nous examinons présente encore beaucoup d'intérêt en ce qui concerne les accidents de travail, dont nous aurons l'occasion de parler plus loin (2), et les accidents de transport.

Nous ne pouvons admettre, comme le soutient M. Eudore Pirmez, ancien ministre d'Etat de Belgique, que dans ces deux

(1) Adolphe Maton, *Dictionnaire de la pratique notariale*, t. IV, p. 738.

(2) Au chapitre de la preuve.

cas la responsabilité naisse à l'occasion et non à cause du contrat, nous pensons, au contraire, qu'il y a bien en réalité responsabilité contractuelle.

La source de l'obligation de transporter, de mener indemne d'un endroit à un autre, ne réside-t-elle pas uniquement dans le contrat? N'est-ce pas là le but même de la convention?

Donc, si je n'arrive pas à destination, si je n'arrive que mutilé, n'y a-t-il pas inexécution de la convention intervenue? Sans doute. Aussi l'application des articles 1146 et suivants est-elle logique.

L'objection que l'article 1784, qui règle le transport de choses explicitement, constitue une application de l'article 1302, relatif à la perte d'un corps certain, est fort bien réfutée par M. Lyon-Caen : « Il est vrai que ceci ne peut s'appliquer aux personnes. Aussi faudrait-il approuver l'arrêt (refusant l'application des règles contractuelles), si l'obligation de prouver le cas fortuit était spéciale au corps certain. Mais il n'y a là que l'application d'une règle plus générale des articles 1315 et 1147. Ces articles forment le droit commun » (1).

On ne peut même découvrir autre chose que l'inexécution d'un contrat dans le fait du retard ou du non-accomplissement de l'engagement de transporter tel ou tel individu.

Mais il n'en est pas de même dans le cas d'un accident de personne survenu pendant le transport.

Ici la faute contractuelle, qui existe certainement, ne se présente pas seule.

Le droit à la vie, à l'intégrité de la personne physique, n'est pas uniquement un droit conventionnel, donnant naissance à une pure obligation conventionnelle, comme, par exemple, l'obligation de livrer une chose. Ce droit, au contraire, est un droit primordial, que la loi positive consacre indépendamment de tout contrat.

N'avons-nous pas vu que tout délit pénal, lorsqu'il cause un dommage, constitue une faute délictuelle en droit civil? Or, la loi pénale Belge, dans son article 418, ne vise-t-elle pas toute atteinte à la personne? Dès lors, pareille atteinte, violant une obligation légale, permet toujours le recours aux principes délictuels.

(1) Voir note dans Sirey, 1885. 1. 129.

La jurisprudence française et la jurisprudence belge sont en désaccord sur cette question.

La première se refuse à admettre, dans le cas de transport de personnes, l'intervention d'un contrat ; toujours, au contraire, elle applique exclusivement les articles 1382 et suivants (1).

Au contraire, de récentes décisions de la jurisprudence belge admettent ici la responsabilité contractuelle (2).

Il y a même certaines décisions qui n'accordent pas seulement un choix entre l'action du contrat et l'action délictuelle, mais qui admettent simultanément les deux bases.

Le jugement du tribunal de Bruxelles, en date du 19 novembre 1892, est typique à cet égard : « Attendu que l'action de la demanderesse a une double base, qu'elle est fondée, d'une part, sur l'article 1784, d'autre part, sur les articles 1382 et suivants du même code; qu'il incombait, dès lors, au défendeur, conformément à la première disposition précitée, de prouver que l'accident dont s'agit devait être attribué uniquement à l'imprudence de la victime et à la demanderesse, conformément à la deuxième disposition d'établir la faute dans le chef de l'Etat ou de ses préposés... » (*Journal des Tribunaux*, 1893, numéro 936). La Cour d'appel statuant, le 18 octobre 1893, sur la même affaire, a adopté la même manière de voir. (*Journal des Tribunaux*, 1893, page 1206.)

La victime d'un accident, ayant une double action à sa disposition, doit évidemment être libre dans le choix des moyens qu'elle veut employer pour arriver à réparation. Mais il est incontestable, d'une part, qu'elle ne pourra combiner des principes distincts, de manière à ne retenir de chacun que ce qui lui est avantageux (3); d'autre part, que cette double action ne pourra jamais entraîner une double réparation pour le même

(1) Citons notamment Sirey, 75. 1. 16; 1er déc. 1874, 4 janv. 1875. — S., 1885. 1. 129, 10 nov. 1884, et S. 1888. 2. 138. Aix, 12 déc. 1887.

(2) Entre autres : Bruxelles, 28 nov. 1881. *Pasicrisie*, 1882. 2. 136. — Bruxelles, 17 oct. 1888. *Pas.*, 89. 2. 58, et Liège, 26 mars 1892, 25 févr. 1893. *Journ. des Trib.*, 1893, p. 424.

(3) Tel serait le cas du demandeur qui, d'un côté, invoquerait le contrat pour améliorer sa situation au point de vue de la preuve, alors que, d'un autre côté, il exigerait de l'auteur du fait dommageable qu'il fût tenu de la faute aquilienne, en vertu de l'article 1383 C. civ.

préjudice. La réparation une fois obtenue, toute action est éteinte.

Remarque. Il faut se garder de confondre la double action dont nous venons de parler avec l'action que l'on peut parfois exercer à l'occasion du contrat. Ainsi, tandis que l'héritier de la victime d'un accident peut, à ce titre, exercer une double action, il en est tout autrement lorsque ce même héritier agit en réparation du dommage qu'il a personnellement subi par l'accident survenu à son parent. Seule, l'action délictuelle lui est réservée. (Voir Cassation belge, 29 décembre 1892. *Journal des Tribunaux*, 1893, page 82.)

L'étude des accidents du travail, ainsi que l'examen des articles 1385, 1386, nous donneront l'occasion de revenir sur le sujet que nous venons de traiter.

2. — *Distinction à établir entre le délit et le quasi-délit.*

La grande majorité des auteurs, parmi lesquels nous pouvons citer Laurent, Demolombe, Aubry et Rau, Sourdat, Larombière, Dalloz estiment que la caractéristique du délit réside dans la malveillance, l'intention de nuire.

M. le professeur Arntz (1) et les Pandectes belges (2) enseignent une opinion différente, d'après laquelle les termes délit et quasi-délit auraient une signification analogue à celle qu'ils avaient à Rome : les délits visant les infractions prévues par la loi pénale, les quasi-délits comprenant les autres faits illicites, qu'ils soient ou non commis de mauvaise foi.

Le droit romain, qui connaissait les obligations *ex delicto* et *quasi ex delicto*, faisait entre elles cette différence que les premières seules étaient prévues par la loi et munies par elle d'une action spéciale; les obligations *quasi ex delicto*, au contraire, avaient été reconnues par le préteur, qui leur avait accordé une action générale *in factum*. Le caractère doleux ne les distinguait pas. Est-ce cette dernière distinction modernisée que le droit actuel a adoptée? Nous ne le pensons pas. En effet, cette distinction, dans le dernier état du droit romain déjà,

(1) *Cours de droit civil français* (Bruxelles, 1879), t. III, p. 236, n° 474.
(2) *Pandectes belges*, *Répertoire*, t. XXIX, p. 135.

n'avait plus aucune valeur. La plupart des quasi-délits entraînaient également une peine à cette époque.

« Dès lors, les quasi-délits doivent être considérés comme de véritables délits ; Justinien a maladroitement séparé des délits certaines espèces pour les ériger en quasi-délits ; son système manque de fondement (1). »

Les travaux préparatoires fournissent-ils quelque argument à M. Arntz? Ni dans le rapport au Tribunat, ni dans le discours au Corps législatif, nous n'avons trouvé la justification de cette théorie; tout ce que l'on peut dire, c'est que les travaux préparatoires ne fournissent pas de solution à cet égard (2). Il existe, d'ailleurs, de fort bonnes raisons pour rejeter cette interprétation. Aucun texte du Code ne l'autorise. D'autre part, juridiquement parlant, cette division ne concorde pas avec la terminologie du Code pénal; le délit est uniquement le fait puni d'une peine correctionnelle; or, la réparation civile doit atteindre toute infraction préjudiciable.

Et ne trouvons-nous pas un argument sérieux dans la théorie de Pothier, identique à la nôtre?

L'existence de cette controverse, jointe au peu d'utilité des termes « délit et quasi-délit » en notre matière, justifient amplement une modification à cet égard.

Le rapport de la commission belge de revision du Code civil, instituée par le gouvernement, dit à ce sujet : « La majorité de la commission a été d'avis que le sens et la portée de l'intitulé étant assez connus, il n'y a pas lieu d'en modifier les termes. »

Cet argument n'est pas péremptoire. La première qualité de la langue juridique est d'être correcte et précise, de donner le moins de prise possible à la controverse. De plus, cette division ne correspond plus à rien dans notre Droit civil, elle est au moins surannée.

« C'était une idée baroque d'ordonner la réparation du dommage causé à quelqu'un, sous prétexte que l'auteur de ce dommage avait fait « comme s'il avait commis un délit » : *quasi ex delicto*. — Il est clair aujourd'hui que la réparation du dommage est due parce que le dommage causé est la violation d'un droit préexistant (3). »

(1) Van Wetter, *Cours élémentaire de droit romain*, t. II, p. 138.

(2) Ils ne sont pas toujours fort clairs (Fenet, t. XIII, p. 474, 475).

(3) « La notion nouvelle du droit privé, » discours prononcé par M. Herman de Baets, avocat à Gand, lors de la réunion de la Fédération des avocats à Bruxelles, le 23 décembre 1894.

Aussi l'intitulé : « Des obligations résultant d'actes illicites, » intitulé proposé par la troisième section de la commission de revision, nous paraît-il préférable. Il se trouve, d'ailleurs, dans le Code fédéral suisse et le projet de Code civil allemand. Mais il serait opportun, dans ce cas, d'indiquer, en tête de la matière, qu'il s'agit d'obligations légales, afin d'éviter la confusion qui pourrait se produire entre la faute contractuelle et la faute délictuelle.

ESSAI SUR LA RESPONSABILITÉ

ÉDICTÉE PAR

LES ARTICLES 1382-1386 DU CODE CIVIL

CHAPITRE PREMIER.

1. — *Définition du délit et quasi-délit.*

Le délit et le quasi-délit peuvent être définis l'un et l'autre : un fait, de commission ou d'omission, imputable et illicite, causant préjudice à autrui.

Nous avons vu que la caractéristique du délit est l'intention maligne, nous avons dit également que cette distinction sans importance pratique serait à bon droit supprimée dans un remaniement du Code.

Le fait dommageable peut résulter d'une omission comme d'une action ; l'inaction peut être légalement répréhensible tout comme l'action, l'article 1383 l'exprime, bien que son but ne soit pas d'établir ce point (1).

Mais l'omission ne devient légalement imputable que lorsqu'on est obligé d'agir.

Domat rendait responsables « ceux qui, pouvant empêcher un dommage que quelque devoir les engageait à prévenir, ne l'auront pas fait (2). »

Il va sans dire que ce « devoir » doit être légalement obli-

(1) Cela ressort à l'évidence des termes employés.

(2) Domat, *Les loix civiles dans leur ordre naturel*, liv. II, tit. VIII, sect. 4.

gatoire. Toullier, qui professe que l'omission d'un devoir moral suffit, est manifestement dans l'erreur (1). La loi ne peut imputer de faute à celui qui s'abstient de faire une chose que cette même loi ne lui impose pas.

D'ailleurs, le caractère que doit présenter l'omission est identique à celui qui est exigé du fait positif.

Nous avons vu (2) que le Code portugais consacre une obligation d'agir qui, chez nous, est purement morale.

Nous n'avons pas à insister sur le caractère distinctif du délit, la bonne et la mauvaise foi sont des notions connues ; de plus, le Code ne différencie pas le fait illicite, la même réparation s'applique à tous les cas.

2. — *Eléments constitutifs du fait illicite* (3).

Le fait illicite comprend un double élément : le préjudice et la faute.

A. — *Du préjudice.*

Le préjudice est l'atteinte portée par un fait à la situation morale ou pécuniaire d'une personne.

Nous envisageons ici les conditions que doit réunir le dommage pour tomber sous le coup de la loi civile ; nous verrons, plus loin, qu'il ne suffit pas que le tort existe avec les caractères que nous allons énumérer, mais qu'il doit, en outre, constituer une lésion de droit. Le dommage est un élément de recevabilité à l'action civile ; la réparation est le but de celle-ci, à la différence de l'action publique, qui a pour objet de réprimer le trouble apporté à la société peu importe que le fait ait eu des résultats nuisibles ou non.

Le préjudice, pour légitimer l'action en responsabilité, doit présenter certains caractères ; il doit comprendre : tout le tort,

(1) Toullier (son opinion est isolée), t. VI, 1, p. 91, n° 117.

(2) Voir note, page 6.

(3) Lorsque, dans le cours de ce travail, nous parlerons du fait illicite, sans autrement préciser, il s'agit uniquement du fait prévu par les art. 1382 et suiv.

matériel et moral, prévu et imprévu, dont le fait illicite est la cause, du moment que ce dommage est certain, c'est-à-dire actuel et appréciable.

Nous examinerons, en particulier, chacune de ces conditions.

a). — Tout le dommage doit être réparé. La réparation doit être complète, aussi comprendra-t-elle le *lucrum cessans* et le *damnum emergens*.

Cette théorie, reçue en France et en Belgique, n'est pas admise par tous les commentateurs du Code hollandais.

M. Diephuis, dans son ouvrage sur le droit civil hollandais, conclut de la différence des termes des articles 1186 et 1401, correspondant à nos articles 1153 et 1382, que les intérêts proprements dits, non prévus par l'article 1401, ne peuvent y être compris.

Pareille restriction n'est pas logique. Le texte du Code est large. La raison, d'autre part, nous dit qu'une personne atteinte par un acte injuste, doit pouvoir réclamer une situation analogue à celle dont elle aurait joui si le fait dommageable n'avait pas eu lieu. S'il en est ainsi en matière conventionnelle, il doit, à plus forte raison, en être de même entre personnes étrangères.

Telle a été la volonté du législateur. D'ailleurs, les expressions dont se sert le Code, dans les deux cas où il parle de réparation, amènent au même résultat pratique : accorder à quelqu'un des dommages-intérêts, n'est-ce pas réparer le dommage que cette personne a souffert ?

b). — Le dommage moral exige, aussi bien que le dommage matériel, en raison et en droit, une réparation.

« Le dommage moral comprend, soit la déconsidération qui sera, pour la personne attaquée, le résultat de l'attaque, soit la douleur causée par la perte d'une personne chère, soit les souffrances physiques, les chagrins, les inquiétudes, qui sont parfois les conséquences du fait dommageable (1). »

Il ne peut être plus permis de porter atteinte à la situation morale d'une personne qu'à sa situation de fortune.

Bien plus, l'honneur et la réputation sont les premiers et les plus précieux de tous nos biens.

Mais si le principe est certain, l'application donne lieu à de grandes difficultés.

(1) *Pandectes belges*, *Répertoire*, v[is] *Dommages-Intérêts*, n° 298.

2

La réparation, en effet, doit se trouver en rapport avec le dommage. Il doit s'établir là une espèce d'équation. Réparer, c'est effacer le dommage de façon que la victime se trouve dans la même situation que si le dommage n'avait pas eu lieu.

Or la réparation pécuniaire, la plus usuelle, souvent la seule possible, est loin de présenter toujours ce caractère.

Elle le présente, en général, lorsqu'il s'agit de dommage matériel; et encore cela n'est-il pas absolu, car on peut porter atteinte à un objet de valeur marchande inestimable, et il se peut aussi qu'une chose matérielle ait, pour son possesseur, une valeur d'affection bien supérieure à sa valeur vénale.

Mais c'est surtout à propos du dommage moral que l'effet efficace du dédommagement en argent sera peu considérable.

Est-ce un motif pour le rejeter à priori?

Les meilleurs auteurs (1) sont d'accord pour allouer une réparation pécuniaire à la victime d'un dommage moral. La considération invoquée : qu'il vaut mieux réparer le mal de quelque façon que de ne pas le réparer, est très sérieuse.

Le rapporteur de la Commission belge de revision du Code civil, M. van Biervliet (2), conteste qu'il ne puisse y avoir de rapport entre une condamnation pécuniaire et le dommage moral : « L'argent ne vaut que par les jouissances qu'il procure, et ces jouissances ne sont pas nécessairement et exclusivement de l'ordre matériel; elles peuvent très bien relever de l'ordre intellectuel et moral, et compenser ainsi, directement, le dommage moral. »

Il est certain qu'un rapport, même plus ou moins étroit, peut exister, mais il est indéniable que l'on n'arrivera que rarement, en cas de préjudice moral, à une compensation adéquate; et, de plus, il peut arriver que la nature du dommage, les circonstances dénuent la réparation en argent de tout caractère à l'égard de la victime.

La jurisprudence belge aussi admet la réparation pécuniaire dans le cas que nous prévoyons (3).

(1) Notamment : Demolombe, t. XV, p. 225; Larombière, art. 1382-83, n° 27; Laurent, *Principes*, t. XX, p. 415.

(2) *Rapport sur la matière des délits et quasi-délits* présenté par le savant professeur de Louvain, M. van Biervliet (p. 10).

(3) *Pasicrisie*, 1881. 2. 352. Bruxelles, 8 janv. 1880. — *Pas.*, 81. 1. 163; Cass., 17 mars 1881. — *Pas.*, 88. 3. 23. Bruxelles, 24 déc. 1887. — *Pas.*, 90. 2. 112. Bruxelles, 13 janv. 1890, etc.

Citons, parmi les arguments de cette jurisprudence, que les articles 1382 et 1383 ne font aucune distinction de dommage (Cass. 17 mars 81). On pourrait répondre à cela, qu'il n'en reste pas moins dans la nature de la réparation d'être en rapport avec le tort qu'elle a pour but de réparer.

Le tribunal de Hasselt a fait valoir le motif suivant : « ...une condamnation pécuniaire est fondée, non sur l'évaluation impossible des souffrances..., mais sur ce principe que l'obligation de faire se résoud, en dernière analyse, en celle de donner (1). »

Ce principe, inscrit en matière conventionnelle, ne peut s'appliquer textuellement à notre matière, mais son application analogique nous paraît heureuse.

Le Code fédéral suisse, dans son article 55, et le deuxième projet allemand, dans son § 770, reconnaissent, dans une certaine mesure, la réparation pécuniaire du tort moral.

Mais le texte de ces dispositions prouve qu'il ne s'agit que d'un cas exceptionnel (2).

A notre avis, en cas de dommage purement moral, c'est-à-dire sans influence sur la fortune de la victime, l'allocation d'une somme d'argent ne répondra en général pas, ou du moins fort peu, au tort occasionné. Nous ne pouvons l'approuver, et cependant nous pensons qu'il faut l'admettre, en maint cas, faute de mieux, mais à titre exceptionnel.

C'est ce qu'a fait ressortir la Cour d'appel de Bruxelles : « Attendu que l'indemnité pour dommage moral doit être modérée; qu'aucune somme ne pourrait ni rendre, ni compenser à l'infortunée ce qu'elle a perdu; que la justice ne peut que lui assurer les ressources nécessaires pour pourvoir largement à tous ses besoins, et même se donner certaines distractions et satisfactions à sa portée, lesquelles écarteraient de temps en temps de son esprit la pensée de son malheur (3). »

Car, si la nature des choses veut que certains dommages soient irréparables, au sens strict du mot, est-ce un motif pour ne rien faire en faveur de la victime? Non. Il n'y a pas à hésiter entre l'auteur et la victime d'un fait répréhensible.

La réparation aura toujours pour effet d'accorder une certaine satisfaction à la personne lésée, et il vaut mieux faire quoi que ce soit que de ne rien faire du tout.

(1) 23 janv. 1874. *Pas.*, 74. 3. 88.

(2) Ces dispositions sont édictées de façon à laisser le juge libre. Elles portent : « le juge peut... »

(3) 17 nov. 1894. *Journ. des Trib.*, 1894, p. 1257.

Les pandectes belges donnent la justification suivante du dédommagement pécuniaire du préjudice moral :

« L'esprit de la loi ne laisse aucun doute, elle veut sauvegarder tous les droits de l'homme... ; la réparation pécuniaire constituera toujours une réprobation morale du fait (1). » Ce dernier argument est sans valeur, si on admet que l'action en responsabilité est purement réparatrice, comme elle l'est en droit actuel.

Mais cette justification peut être invoquée si l'on admet l'opportunité du changement de l'action civile purement réparatrice en une action mixte (2).

Il est toujours opportun de ne pas perdre de vue le peu de relation du dommage avec la réparation dans l'hypothèse qui nous occupe. Une double conséquence en résulte :

1° Le juge doit seulement admettre ce mode de réparation lorsqu'une réparation plus efficace et suffisante ne peut être obtenue.

Ainsi, les atteintes portées à la réputation ont une compensation naturelle dans la publicité du jugement qui les flétrit. Il ne doit être permis d'y ajouter une somme d'argent qu'au cas d'inefficacité ou d'insuffisance.

2° Le juge ne peut accorder la réparation pécuniaire qu'avec grande circonspection, afin d'éviter les spéculations de gens intéressés qui multiplieraient leurs affections outre mesure, ou dont la susceptibilité, source de revenus, deviendrait trop chatouilleuse.

C'est dans cet ordre d'idées que la jurisprudence décide, à bon droit, que, seuls, les parents en ligne directe peuvent agir, en cas d'atteinte portée à l'un des leurs, s'ils fondent uniquement leur action sur la solidarité, résultant des liens de famille (3).

c). — Le dommage imprévu doit être réparé comme le dommage prévu.

L'article 1150 réduit la réparation, en matière conventionnelle, au dommage que l'auteur a prévu ou pu prévoir, pourvu qu'il n'y ait pas dol de sa part. Cette restriction s'explique ; les contractants ont pu déterminer librement le degré de res-

(1) V[is] *Dommages-Intérêts*, n° 287, 288.

(2) Voir chapitre II : *Eléments d'appréciation des dommages-intérêts.*

(3) *Pas.*, 88. 3. 23. Bruxelles, 24 déc. 1887.

ponsabilité qu'ils entendaient s'imposer; s'ils ont été moins stricts que la loi, ils ont à s'en prendre à eux-mêmes.

Cette considération fait absolument défaut en matière de responsabilité civile : tout le dommage sera en général imprévu pour la victime.

Cette solution s'accorde avec le caractère exclusivement réparateur de l'action civile. Il est de peu d'intérêt, aux yeux de la victime, de savoir que le coupable n'a pas prévu les conséquences de son acte; elle était en droit de conserver sa situation intacte; donc, si un fait injuste y porte atteinte, elle a droit à réparation intégrale.

Nous pensons que la rigueur de ce principe devrait, en cas de revision du Code civil, être atténuée par la prise en considération de la gravité de la faute (1).

d). — Le dommage dont le fait illicite est la cause doit être réparé.

Est-ce à dire que seul le dommage direct et immédiat doive être réparé ou que tout dommage, même indirect et médiat, exige réparation?

Sur ce point les avis diffèrent, en apparence au moins, dans la doctrine et dans la jurisprudence.

Laurent et Demolombe, notamment, estimant que la victime a le droit d'être complètement indemnisée, pensent que les suites indirectes du dommage méritent réparation.

D'autre part, Sourdat professe qu'il ne faut tenir compte que des suites directes et immédiates du fait illicite; que le dommage dont le délit est la cause prochaine doit être réparé, mais non celui qui n'en est qu'une suite éloignée et peut avoir d'autres sources (2).

La même discussion se retrouve en jurisprudence. Tantôt elle se montre large (3), tantôt, au contraire, elle se rapproche du principe de l'article 1151, comme le prouve l'arrêt de Bruxelles du 7 août 1878 : « qu'en règle générale, et aux termes des articles 1149 et suiv. du C. civ., les dommages-intérêts ne sont dus que dans

(1) Voir chapitre II : *Eléments d'appréciation...*

(2) *Traité de la responsabilité*, 1re part., liv. II, n° 690. Paris, Cosse-Marchal, 1860).

(3) *Pas.*, 61. 1. 397. Cass., 3 mai 1861. — *Pas.*, 63. 2. 380. Bruxelles, 7 juill. 1863. — *Pas.*, 84. 2. 313. Bruxelles, 23 janv. 1884.

la limite des suites nécessaires et directes du fait préjudiciable; qu'en l'absence de dol même, on n'a égard qu'aux suites prévues au moment du contrat; que ces dispositions se rapportent, il est vrai, à l'inexécution des obligations conventionnelles, mais qu'il y a identité de motifs de les appliquer aux réparations dues à raison du fait de l'homme, puisque ces dernières ne naissent, elles aussi, que de la violation des obligations imposées à chacun indépendamment de toute convention (1). »

L'arrêt de la Cour de Liège, du 18 janvier 1882, est dans le même sens : « Attendu que la responsabilité édictée par l'article 1382 ne doit pas, en l'absence de toute disposition qui impose pareille solution, être étendue aux suites indirectes d'un fait dommageable, que le système d'une responsabilité indéfinie romprait toute proportion entre la faute et sa réparation, et aboutirait à des conséquences inadmissibles, qu'il y a plutôt, en cette matière, lieu d'appliquer des principes analogues à ceux de l'article 1151, pour le cas d'un débiteur qui, par son dol, se refuse à exécuter ses obligations contractuelles (2). »

Cette controverse, selon nous, se borne à une querelle de mots; les opinions émises peuvent parfaitement se concilier en fait et leur apparente diversité ne provient que de la portée différente attribuée aux mots « direct et immédiat. »

Certes, ces mots ne signifient pas que le dommage doive se manifester immédiatement après l'acte, ni que seule la personne visée directement puisse agir, car il suffit que l'on éprouve un préjudice réel.

Mais si l'on entend, par ces termes, qu'un rapport de cause à effet doit exister entre le fait et le résultat préjudiciable, chacun sera d'accord pour réclamer leur application dans notre matière. La question de savoir si ce rapport existe, s'il existe suffisamment, est une question de fait nécessairement laissée à l'appréciation discrétionnaire des magistrats (3).

Cette solution est logique et doit être maintenue. Elle indique la limite rationnelle de l'imputabilité. Il serait inadmissible de placer dans une situation pire que celle du débiteur de mauvaise foi, celui dont la faute peut ne consister que dans son étourderie, sa malechance. Nous ne voyons pas en quoi le fait de la convention viendrait avantager, sous ce rapport, le débiteur contractuel; du moment que le dol du contractant

(1) *Pas.*, 1878. 2. 134. — Si nous admettons cet arrêt en ce qui concerne l'applicabilité de l'article 1151, nous le rejetons, au contraire, en ce qui regarde l'article 1150.

(2) *Pas.*, 82. 2. 140.

(3) Voir *Rapport de la Commission belge de revision*, p. 9, n° 38.

est la cause du préjudice, il en sera tenu, et de même un chacun aura à répondre du dommage dont son fait illicite est la cause.

e). — L'action en responsabilité exige que le préjudice soit certain, c'est-à-dire actuel et appréciable.

1. *Actuel.* — Quand le préjudice présentera-t-il ce caractère?

Il importe peu que le dommage soit réellement arrivé, ou que, sans être matériellement consommé, il soit la conséquence nécessaire d'une cause actuellement existante. Sourdat l'a dit avec raison : « Il faut combiner dans une juste mesure ces » deux éléments, l'actualité, la certitude; et quand cette der» nière condition existe, l'on peut considérer la première comme » réalisée (1). »

Un pareil préjudice est actuel, non qu'il justifie l'allocation immédiate de dommages-intérêts, mais en ce sens que l'action est recevable et que la somme à payer, lors de la réalisation de la perte, peut immédiatement être fixée.

La jurisprudence applique souvent ce principe, à propos de dommage permanent : « Le propriétaire d'un établissement industriel, qui excède les obligations du voisinage, peut être condamné à titre de réparation du dommage causé et des dommages à venir, si ce préjudice futur est le résultat d'une cause qui est permanente, et si la condamnation n'est prononcée que pour autant que l'usine subsiste dans les mêmes conditions (2). »

Citons encore l'arrêt de la Cour de cassation de France, du 10 janvier 1877 : « Les juges ne violent pas le principe d'après lequel les dommages-intérêts ne peuvent être alloués à raison d'un préjudice futur et incertain, lorsque, après avoir condamné une compagnie de chemins de fer à payer une rente annuelle à un ouvrier blessé à son service, d'une manière qui a eu, pour sa santé, les conséquences les plus graves, ils décident qu'à sa mort cette rente sera réversible sur la tête de sa femme et de ses enfants (3). »

Pourquoi ne pourrait-on admettre pareille action alors que tous les éléments d'appréciation sont réunis, alors que, comme dans les exemples cités, le demandeur a un intérêt légitime à l'intentement actuel, et que le refus qu'on lui oppose ne peut que donner lieu à des frais frustratoires et à des pertes de temps?

Un dommage actuel peut parfois, à certains points de vue,

(1) *Traité de la responsabilité*, n° 448.
(2) *Pas.*, 73. 2. 297. Bruxelles, 7 juillet 1873.
(3) Sirey, 77. 1. 181.

avoir les apparences d'un dommage futur. Ainsi, la menace de ruine d'un bâtiment rendant l'habitation de la maison voisine impossible, légitime l'action en réparation de ce préjudice de la part du propriétaire lésé. Ce dommage est parfaitement né; et si la ruine se réalise et détériore la maison voisine, ce préjudice nouveau et distinct donne lieu à une action nouvelle.

Mais la simple menace de ruine d'un bâtiment peut-elle, à ce titre, autoriser le recours à la justice?

Il est évident qu'une pareille éventualité ne permet pas l'allocation d'une indemnité. Il ne peut davantage être question de fixer la somme des dommages-intérêts, puisqu'on ignore l'étendue du dommage, qui, au surplus, peut aussi bien ne pas se présenter qu'arriver.

Tout recours à la justice doit-il donc, en ce cas, être refusé? La personne menacée par le danger de ruine d'un bâtiment n'a-t-elle aucune action pour se garantir du mal éventuel, le prévenir? Ceci nous amène à dire quelques mots de l'action romaine *damni infecti*. « Le droit romain n'admettait point la responsabilité du propriétaire par rapport au préjudice causé par sa chose;... le seul droit du voisin consistait à pouvoir retenir les débris de la construction tombés chez lui, jusqu'à ce qu'il eût été indemnisé.

» Mais le préteur vint à son secours, en l'autorisant à exiger à l'avance, du maître du bâtiment ruineux, la promesse de réparer éventuellement le dommage qui résulterait de l'écroulement de l'édifice... Cette promesse est précisément la *cautio damni infecti* (1). »

Si le propriétaire n'accordait pas la *cautio*, le demandeur obtenait du préteur la mise en possession de la chose avec la simple *custodia*, c'est-à-dire le droit d'éloigner le danger. Enfin, en cas de refus persistant, le demandeur pouvait *possidere jure dominii* et usucaper la chose. Mais le propriétaire pouvait s'opposer à cette prise de possession, auquel cas le préteur accordait une *actio damni infecti*, en vertu de laquelle le demandeur obtenait ce qu'il aurait eu en cas de caution (Digeste, 39, 2, 1, 7) (2).

La question, en droit moderne, peut être ainsi posée : La personne menacée par la ruine d'un bâtiment peut-elle, devant

(1) *Cours élémentaire de droit romain*, P. van Wetter (Gand, 1872), t. II, p. 141.

(2) *Das privatrecht und der civilprocess der Römer*, Wilhelm Rein, p. 215 (Leipzig, 1858).

les tribunaux, forcer le propriétaire à faire les réparations requises pour mettre fin au danger, et, en cas de refus, agir elle-même aux frais du propriétaire?

Si le droit actuel ne le permet pas, ne serait-il pas opportun d'introduire cette solution?

Il ne peut être question de l'envoi en possession que l'ancien droit ne reconnaissait déjà plus, ni de l'abandon, pour toute réparation, des matériaux, qui est cependant resté en usage dans le droit ancien.

Domat émet ainsi la théorie en vigueur de son temps : « Le voisin qui court danger peut sommer le propriétaire du bâtiment menaçant ruine à le démolir ou à le réparer; si, après sommation, le propriétaire ne fait rien, le voisin peut demander, par provision, qu'il lui soit permis de faire lui-même ce que les experts jugeront nécessaire (1). » Domat admet, comme le droit romain, mais avant la dénonciation seulement, que le propriétaire du bâtiment ruineux peut se contenter de faire l'abandon des matériaux.

Nous ne pouvons admettre que les rédacteurs du code Napoléon aient maintenu le droit à une action préservatrice de la part de la personne menacée d'un préjudice éventuel.

L'opinion de Bertrand de Greuille à ce sujet est formelle : « Le fait de l'écroulement seul peut justifier la plainte et la demande (2).

L'abrogation du droit ancien résulte d'un nouveau système sur la même matière; ce système, inscrit dans l'article 1386, règle cette question d'une façon complète. Et il diffère du système romain, en cas de ruine réalisée, en ce que celui-ci permettait l'abandon des matériaux comme unique réparation (3).

D'autre part, aucun texte du Code ne fait allusion à une action préventive pour le cas visé.

Aussi ne pouvons-nous admettre l'opinion de Sourdat, qui est trop absolue; elle contient cependant une part de vérité en ce qu'elle admet l'action pour le dommage certain, nécessaire, mais non encore matériellement réalisé, et en tant qu'elle re-

(1) Domat, *Les loix civiles dans leur ordre naturel*, liv. II, tit. 8, sect. 3.
(2) Fenet, t. XIII, p. 477.
(3) Pand. belges, v. *actio damni infecti*, n° 480.

connaît le droit d'agir pour un dommage actuel ayant sa source dans une menace de ruine (ex. : impossibilité d'habiter) (1).

Donc le droit actuel n'accorde pas d'action en justice pour un dommage éventuel, hypothétique, action au moyen de laquelle il serait possible de se garantir.

L'introduction de pareille disposition ne serait-elle pas souhaitable? Cette question divise les auteurs.

M. van Biervliet est adversaire d'une modification en ce sens : « L'action administrative et, au cas où celle-ci rencontre de la résistance, le recours à la justice pénale suffisent (art. 551, n° 7, Code pénal belge)... Il ne faut pas mêler l'action des tribunaux à celle des autorités administratives... Il n'est guère à craindre, semble-t-il, à notre époque de large publicité et de contrôle incessant exercé par l'opinion publique, que les autorités communales refusent systématiquement, dans une matière qui touche à la sûreté des personnes, de faire droit aux justes réclamations des intéressés. Au surplus, si l'objection était fondée, il faudrait faire intervenir les tribunaux chaque fois que les autorités administratives s'écarteraient de leur mission et feraient preuve de négligence. Ce serait la suppression de l'indépendance réciproque des pouvoirs (2). »

L'on ajoute qu'admettre l'action *damni infecti*, c'est introduire une source de procès dispendieux pour un dommage éventuel (3).

Malgré ces considérations, nous inclinons plutôt à admettre la théorie opposée.

La question, certes, est délicate; elle met en présence deux pouvoirs indépendants; aussi n'entendons-nous en aucune façon porter atteinte aux droits du pouvoir administratif. Jamais le pouvoir judiciaire ne pourra entraver, contrecarrer son action légitime. Les décisions légales de l'administration doivent être respectées. Cela exclut-il l'intervention judiciaire? N'y a-t-il pas des cas où l'action de ce dernier pouvoir a sa raison d'être? Nous heurtons-nous à une incompatibilité de principe?

Nous ne voulons admettre, pour le pouvoir judiciaire, que le droit de trancher une contestation à propos de droits privés, sur laquelle le droit administratif n'a pas eu à statuer. Or, cette hypothèse peut parfaitement se présenter dans la question que nous examinons.

(1) *Traité de la resp.*, 2e partie, liv. II, ch. II, nos 1172 à 1174.

(2) Rapport cité, p. 2, n° 5.

(3) Duranton, *Droit civil*, t. XIII, n° 729.

Il ne s'agit pas ici d'un acte administratif par essence.

Nous pensons, comme Sourdat, que la raison nous dit que l'on doit être autorisé à prévenir un dommage imminent lorsqu'on le connaît et que la chose est possible. Et cette faculté doit être accordée devant un pouvoir impartial, qui ne se dérobe pas. Car, si peu probable que soit l'inaction résultant de la mauvaise volonté du collège échevinal, celle-ci peut exister, et cela suffit pour justifier un autre recours. Et nous soutenons que le recours à la justice est normal, naturel en ce cas.

Pourquoi ne pas accorder aux particuliers le droit de se présenter directement à la justice sans devoir passer par l'administration?

D'ailleurs le pouvoir communal aura-t-il toujours droit d'agir? Par exemple lorsque le bâtiment ruineux ne touche aucune rue ni place publique (1)? Ne se trouve-t-on pas alors en présence d'intérêts purement privés, sans rapport avec l'intérêt social?

On nous objecte le caractère aléatoire du danger, peu digne d'absorber le temps de la justice. Cette objection ne tient pas si l'on exige un certain degré de gravité, d'imminence, qui rende la ruine probable, point nécessairement laissé par la loi à l'appréciation du juge du fond.

L'article 551, numéro 7, du Code pénal belge ne vise que le cas de mauvais vouloir du propriétaire. Pareille disposition ne peut être considérée comme un moyen de coercition bien efficace.

M. Laurent, tout en reconnaissant que, actuellement, les tribunaux sont désarmés, admet cette action dans l'article 1138, § 3, de son avant-projet. M. Pirmez est également partisan de la même théorie.

L'article 68 du Code fédéral suisse est rédigé dans le même sens : « celui qui est menacé d'un dommage provenant du bâtiment ou de l'ouvrage d'autrui, a le droit de contraindre le propriétaire à prendre les mesures nécessaires pour écarter le danger, sans préjudice des règlements de police concernant la protection des personnes et des propriétés. »

Nous concluons dans le même sens; rien ne s'oppose à ce qu'un droit d'intervention soit accordé aux tribunaux dans le

(1) Voir Sourdat, *Traité...*, n° 1173, *in fine*.

but d'éviter un préjudice imminent; ce droit doit être concilié avec le droit du pouvoir exécutif.

2. Le dommage doit non seulement être actuel, il doit être appréciable; non que le préjudice doive être exactement évaluable en argent, la réparation du tort moral serait alors souvent écartée; mais le dommage doit avoir un certain degré de réalité pour justifier l'action civile.

L'existence ou la non-existence du préjudice forme une question de fait soumise à l'appréciation du juge du fond (1).

B. — *De la faute.*

La faute est le second élément requis pour l'obtention de dommages-intérêts dans notre matière. L'ancien droit français et le droit romain parvenu à son épanouissement, exigeaient également cette condition.

En a-t-il toujours été de même? M. von Ihering (2) soutient la négative. Voici comment il s'exprime : « ... La douleur gouverne souverainement le sentiment juridique de l'homme de la nature. L'injustice est appréciée non d'après sa cause, mais d'après son effet; non d'après des circonstances qui ont leur siège dans la personne de l'auteur, mais uniquement au point de vue du lésé » (p. 10). De là il résulte qu'on perdait de vue la culpabilité, qu'on dépassait la simple réparation de l'injustice pour exiger en outre une satisfaction personnelle pour le sentiment lésé (*ibid.*, p. 12).

La théorie donc, qui a été admise ensuite par les juristes romains, a pour but de « remplacer le point de vue de la causalité externe du fait par celui de la causalité interne de la culpabilité » (*ibid.*, p. 46). Quoi qu'il en soit, la théorie actuelle du droit français ne peut faire de doute : « Pas de responsabilité sans faute. »

La faute peut être définie, d'une façon générale, « l'action de faillir, de manquer à un devoir (3). »

Mais cette définition doit être restreinte en droit, nous l'avons dit plus haut; nous nous bornerons à le rappeler : la faute, telle que nous l'entendons, constitue un manquement à un devoir corrélatif au droit d'autrui; en un mot, elle forme une

(1) *Pas.*, 84. 1. 66. Cass., 28 févr. 1884.

(2) *De la faute en droit privé*, traduit par O. de Meulenaere (Paris, Maresq aîné).

(3) Nypels, *Commentaire du Code pénal belge*, t. II, art. 418.

lésion de droit, le droit ne s'occupant pas de la faute qui se borne à léser des intérêts.

Nous avons vu que la faute contractuelle est régie par d'autres principes spéciaux et complets. Nous ne nous occupons que de la faute délictuelle, c'est-à-dire du manquement à un devoir légal, portant atteinte au droit légal d'autrui ; cette faute existe sans qu'un contrat doive intervenir.

La doctrine et la jurisprudence belges et françaises reconnaissent un double élément dans la faute : le fait doit être imputable à son auteur et illicite en lui-même; remarquons, qu'à vrai dire, ce second élément comprend le premier, puisque, à son défaut, il ne saurait exister.

M. Opzoomer (1), dans son Commentaire du Code néerlandais, a émis l'opinion que le mot « faute » éveille seul l'idée d'imputabilité (moreele oorzaak), mais n'a aucun rapport avec le caractère du fait : l'illicéité. Il en conclut à la nécessité du qualificatif : « illicite, » qui se trouve dans le code hollandais. Sans doute, ce terme ne pourrait qu'éclaircir le contexte et remplacerait avec avantage le mot « quelconque, » qui est bien général, malgré qu'il soit déterminé par le mot « faute ; » mais il n'en est pas moins vrai que le mot « faute » comprend les deux éléments signalés.

A quel degré de faute la responsabilité civile commence-t-elle à exister?

L'ancienne théorie romaine, qui divisait la faute en trois catégories nettement déterminées, n'est plus admise aujourd'hui.

De même qu'il y a deux espèces de fautes, la faute contractuelle et la faute délictuelle, de même il y a deux principes différents qui règlent la gravité de faute exigée pour justifier l'action dans chacun de ces cas (2). Le principe de la première faute est inscrit dans l'article 1137; il réclame du débiteur les soins d'un bon père de famille; la deuxième faute est déterminée par les articles 1382 et 1383 : ils consacrent l'adage romain, *in aquilia lege et levissima culpa venit.*

Pas de doute que ces textes n'aient une portée différente, et

(1) *Burgerlyk wetboek*, t. VI, p. 317.
(2) Voir la théorie de Laurent, *Principes*, t. XVI, p. 292.

l'un n'est pas une exception à l'autre; ce sont deux principes indépendants, ayant chacun une sphère spéciale.

Ces principes peuvent souffrir exception. Ainsi les articles 1882, 1992 font exception au principe de l'article 1137. De même l'article 450 déroge à 1382.

Nous avons déjà signalé le rayon d'application de chacune de ces fautes; le contrat et le quasi-contrat sont régis par le principe de l'article 1137, les délits et quasi-délits par l'article 1382. La faute qui se commet dans l'exécution des obligations légales prévues par l'article 1370, constituant la lésion d'un droit légal, doit être soumise aux principes délictuels.

On peut s'expliquer que le législateur ait montré une plus grande sévérité à l'égard de la faute délictuelle, appelée faute aquilienne. Cette sévérité est de tradition; nous la retrouvons dans Domat (1).

Bertrand de Greuille s'exprime ainsi à ce propos, dans son rapport au tribunat : « Partout où la loi aperçoit qu'un citoyen a éprouvé une perte, elle examine s'il a été possible à l'auteur de cette perte de ne pas la causer; et si elle trouve en lui de la légèreté ou de l'imprudence, elle doit le condamner à réparer le mal qu'il a fait (2). »

Il est fort juste que nul n'ait le droit de porter atteinte injustement, de quelque façon que ce soit, aux droits d'autrui. Le devoir d'agir prudemment est une condition de la vie en société. Le droit n'existe que pour autant qu'on en fasse un usage raisonnable; l'abus est toujours illicite.

Le droit actuel, appliqué strictement, aboutit à une rigueur exagérée. En effet, si toute faute suffit pour que la responsabilité soit encourue; si, d'autre part, l'action est purement réparatrice, il ne faut, logiquement, tenir aucun compte de la bonne foi de l'auteur du fait, du degré de gravité de sa faute. Aussi une atténuation est-elle nécessaire. Celle-ci résultera du fait de considérer l'action civile comme mixte, car, dans ce cas, on tient compte de la personne du coupable. Cette question sera traitée plus loin (3).

L'examen de la bonne foi nous amène à dire quelques mots du plaideur téméraire.

(1) Domat, 1re partie, liv. II, tit. 8, sect. 4.
(2) Fenet, t. XIII, p. 474.
(3) Voir chap. II : « Eléments d'appréciation... »

On a parfois conclu, en partant du principe que toute faute suffit et que la bonne foi n'est pas un obstacle à la responsabilité, on a conclu, disons-nous, que le plaideur téméraire, dont l'action n'est pas fondée, doit, même en l'absence de mauvaise foi, être rendu responsable envers la partie adverse.

En effet, dit-on, il y a faute au moins très légère dans l'intentement d'une pareille action, en conséquence il y a lieu d'appliquer l'article 1382 en cas de dommage.

Laurent incline vers cette théorie. Il n'exige pas une faute grave. « Celui qui, en plaidant ou dans l'exécution d'un jugement, agit avec mauvaise foi ou avec imprudence, est tenu de réparer le dommage qu'il cause (1). »

La jurisprudence a parfois consacré cette rigueur (2). L'arrêt de Bruxelles du 8 mai 1891 (Pas., 1891, 2, 365) peut se concevoir, bien qu'il adopte le principe que nous rejetons, par ce considérant : « Que dans la dénonciation la plaignante ajoutait » qu'elle se portait garante du préjudice causé à l'appelant en » cas de non-fondement. »

Mais la jurisprudence, aussi bien française que belge, nous fournit de nombreuses décisions, dans lesquelles elle professe que seuls ceux qui agissent d'une manière vexatoire, avec mauvaise foi, ou qui commettent une faute équipollente au dol, sont tenus à réparation (3).

Telle est bien la vraie solution.

Une erreur, dans laquelle la jurisprudence a parfois versé, est de considérer le plaideur de bonne foi comme étant en faute, mais de déclarer la condamnation aux frais comme suffisante, en guise de réparation (4). En effet, en admettant la faute dans le chef du plaideur de bonne foi, comment est-il possible de considérer la condamnation aux dépens comme une

(1) *Avant-projet*, article 1123.

(2) Liège, 20 février 1868; *Pas.*, 68. 2. 64. — Bruxelles, 27 mars 1889; *Pas.*, 90. 2. 28. — Gand, 17 mai 1890; *Pas.*, 90. 2. 371.

(3) France : Cass., 25 mai 1887; Sirey, 87. 1. 385; — Cass., 21 octobre 1888; Sirey, 89. 1. 187; — Cass., 30 octobre 1889; Sirey, 89, 1, 480; — Cass., 20 avril 1891; Sirey, 91. 1. 471. — Belgique : Bruxelles, 15 novembre 1851; *Belg. judiciaire*, 1851. 1547; — Gand, 15 décembre 1885; *Pas.*, 86. 2. 145; — Bruges, 13 février 1888; *Pas.*, 88. 3. 144; — Liège, 13 février 1889; *Pas.*, 89. 3. 225; — Gand, 17 mars 1890; *Pas.*, 90. 2. 371; — Bruxelles Civil, 15 novembre 1893; J. T., 1894, p. 359.

(4) *Pasicrisie*, 1888, 2. 91.

réparation? Ce n'est pas le coupable, mais bien la victime qu'il faut envisager; or, la condamnation aux frais ne peut revêtir le caractère d'une compensation aux yeux de cette dernière. Il ne faut pas perdre de vue que notre action civile est purement réparatrice (1).

Nous concluons que le plaideur de bonne foi, dont l'action a l'apparence sérieuse, est exempt de responsabilité, non que la lésion commise soit réparée par la perte de l'action et le payement des frais, mais parce qu'il n'a fait qu'user d'un droit.

L'abus ici commence avec la mauvaise foi, la vexation et la faute grave.

Cette limite était déjà indiquée par Domat; il n'assujettit le plaideur à réparation « que dans les occasions où l'injustice, la chicane, la vexation peuvent le mériter. » (Livre III, titre 5.)

La solution que nous donnons répond au motif de l'institution judiciaire.

Le droit de recourir aux tribunaux est évident; il est de sa nature de ne s'exercer que dans des cas plus ou moins douteux, et la force même des choses exige, en général, qu'une partie succombe, tandis que l'autre l'emporte.

Dira-t-on que la partie succombante est en faute par ce seul fait? Non. A notre avis, le recours à la justice conserve le caractère d'un droit, par le motif qu'il est raisonnable, aussi longtemps que le plaideur a pu, de bonne foi, croire au succès possible de son action, du moment que les apparences sont en sa faveur. C'est donc un élément essentiel de responsabilité : l'illicéité que nous écartons (2).

Il n'est pas raisonnable d'exiger de tout homme un égal degré de finesse et de pénétration dans des questions douteuses par nature. D'autre part, la marche normale et sûre de la vie en société exige que les citoyens puissent s'adresser avec confiance à la justice, sans être obsédés de la crainte perpétuelle de payer leur erreur d'une façon disproportionnée.

(1) Si la condamnation aux dépens n'est pas réparatrice, il ne faut pas en conclure de même du prononcé même du jugement et de la publicité de celui-ci; là, on peut voir parfois une vraie réparation.

(2) « L'injustice de procédure objective » ne peut certes suffire, dans notre droit, pour obliger à réparation; car il n'y a pas de faute en ce cas. (Voir von Ihering, *De la faute...*, p. 15.)

Remarquons-le bien, dans notre système il ne peut être question d'ériger la condamnation aux dépens en une manière de réparation. Cette condamnation n'a pas sa base dans les articles 1382 et suiv., elle forme une suite nécessaire du procès, à laquelle chaque partie se soumet éventuellement par suite du contrat judiciaire, et qui incombe naturellement à la partie qui exerce son droit sans opportunité.

La question de savoir quand commence la responsabilité du plaideur reste soumise au juge du fond.

La nécessité de la faute comme élément de la responsabilité civile nous amène à nous demander s'il est possible de rendre les personnes morales responsables. Il n'est question ici que des êtres de raison, doués de la personnalité civile ; les autres sont sans existence aux yeux du législateur.

On a prétendu (1), pour établir la responsabilité des personnes morales, que ce n'est pas de la volonté de l'obligé, mais bien de la loi que naît l'obligation de réparer. Cet argument n'a aucune valeur ; car, s'il est vrai que l'obligation naît de la loi, il n'en est pas moins vrai qu'elle exige une faute, élément qui dépend de la volonté de l'auteur de l'acte. La fiction n'ayant pas d'existence concrète peut-elle se trouver en faute? La loi, en créant une personnalité nouvelle à côté des personnes physiques, lui a donné une existence complète, l'a munie de moyens d'action, au même titre que toute autre personne. Ne pas admettre cette solution, c'est refuser toute existence à la personne morale. Jamais, en réalité, l'être fictif ne peut agir par lui-même. Tous ses actes, aussi bien légaux qu'illicites et dommageables, sont posés par des mandataires, auxquels la personne morale est censée avoir donné pleins pouvoirs quand ils agissent en son nom, au point que les actes de ceux-ci constituent les actes de la personne morale elle-même ; elle y consent, elle doit en supporter les conséquences. Cela est aussi vrai ici que lorsqu'on dit que la personne morale consent à un contrat, gère son patrimoine, exerce un droit quelconque, tous ces actes, imputables à la personne morale, sont posés par ses représentants.

(1) Nous avons trouvé cet argument dans une dissertation doctorale de M. P. L. Moens, 1886, Université d'Utrecht.

La loi a donc nécessairement supposé la volonté dans le chef de la personne morale, représentée par ses agents.

Voici comment s'exprime la Cour d'appel de Bruxelles : « Attendu que les personnes civiles sont des êtres moraux créés par la fiction légale, et qui sont par eux-mêmes incapables de poser aucun acte de la vie civile, précisément parce qu'ils sont privés de toute existence matérielle ; que leurs droits et leurs obligations dérivent de la loi, de conventions conclues par leurs représentants ou de faits de ceux qui agissent sous leur responsabilité (1). »

Et objectera-t-on que la personne morale, n'ayant d'existence que par la loi, ne peut mal faire ? La loi, en créant les personnes morales, les a mises sur le même pied que les personnes physiques. Les mêmes obligations leur incombent (2). La capacité des personnes morales est la faculté, pour elles, d'exercer les mêmes droits et d'être tenue aux mêmes obligations que les particuliers. On ne peut concevoir un être possédant des droits, sans être tenu à des obligations corrélatives. Celui qui a un patrimoine doit se soumettre aux obligations que celui-ci engendre. L'assimilation juridique de la personne civile à la personne physique est complète.

La responsabilité de la personne morale est admise aussi bien en jurisprudence que par les auteurs (3). Il en est fréquemment question à propos des actes des préposés de l'Etat personne privée.

M. Vauthier (4) l'a fort bien dit : les actes de l'Etat, personne morale, « étant assimilés à ceux du particulier, les maximes du droit privé reprendront leur empire en ce qui les concerne ; les erreurs de l'administration rejailliront sur l'être fictif, expression suprême et abrégée de tous les organes du gouvernement ; les agents du pouvoir, devenus de simples préposés, au sens du droit civil, pourront être les auteurs d'actes préjudiciables dont la responsabilité incombe à l'Etat, devenu à leur égard un commettant. »

Il ne nous paraîtrait pas superflu qu'un texte assimilât formellement la personne civile à la personne physique, sous le rapport de la responsabilité. Le Code fédéral suisse, dans son article 62 *in fine*, contient une disposition de ce genre.

(1) 23 janvier 1882 ; *Pas.*, 22. 2. 148.

(2) *Pas.*, 1869. 1. 330 ; Cass., 7 mai 1869 ; — Bruxelles, 23 janvier 1882 ; *Pas.*, 82. 2. 148.

(3) La jurisprudence admet ce principe, par là même qu'elle reconnaît la responsabilité de l'Etat, personne privée. Parmi les auteurs, citons : Giron, Vauthier, Sourdat, etc., etc.

(4) M. Vauthier, professeur à l'Université de Bruxelles, *Etude sur les personnes morales*. Bruxelles, 1887, p. 322.

La question de savoir si tel cas déterminé contient la faute requise, est abandonnée au juge du fait (1). Mais il appartient à la Cour de Cassation de décider si les faits acquis présentent les caractères juridiques de la faute (2).

Nous avons vu que la faute se compose de deux éléments :

A. — *L'imputabilité.*

L'acte dommageable, envisagé dans ses rapports avec celui qui l'a commis, doit pouvoir être reproché à son auteur.

Celui-ci doit avoir agi librement et sciemment, non qu'il doive avoir prévu le dommage qu'il allait causer, mais en ce sens qu'il ait eu conscience de l'acte qu'il a commis en toute liberté.

L'imputabilité est le caractère de l'acte en vertu duquel celui-ci peut être attribué à une personne raisonnable et libre, dans le cas incriminé.

Ce caractère, dans notre droit actuel, est essentiel à la responsabilité.

Différentes circonstances peuvent affecter et faire disparaître l'imputabilité. Les unes tiennent à la personne même de l'auteur de l'acte; les autres sont indépendantes de sa volonté ou lui sont supérieures. Le Code Napoléon ne détermine pas ces différentes causes; il en a laissé l'appréciation aux juges du fait, contrairement à ce qui existe dans d'autres législations, et notamment dans le Code fédéral suisse (art. 56-57) et le deuxième projet allemand (§§ 750-751).

Nous préférons à cet égard la réserve du Code français; car, ainsi que le dit M. van Biervliet : « Il faut éviter autant que possible, dans la matière des obligations résultant d'actes illicites, de lier le juge par des règles fixes, dont l'application forcée pourrait amener, dans un cas particulier, une solution contraire à l'équité (3). »

Il est toutefois intéressant d'examiner ces causes dans leurs grandes lignes. On peut les diviser en deux classes.

Dans une première catégorie, nous rangeons les causes personnelles à l'auteur du fait incriminé, à savoir : le manque

(1) Cass. belge, 23 décembre 1883; *Pas.*, 84. 1. 37.

(2) 2 avril 1878 et 19 mars 1888; Sirey, 80. 1. 119 et 90. 1. 397.

(3) Rapport cité, p. 5, n° 18.

d'intelligence nécessaire pour saisir la portée juridique de l'acte que l'on commet. Cette faiblesse d'esprit peut être naturelle ou accidentelle.

Les principes des articles 1382 et suiv. ne permettent pas d'exiger une réparation de la part du dément; il est impossible de faire retomber sur lui la responsabilité de ses actions; la faute en son chef ne se conçoit pas.

Ce principe nous vient du droit de Justinien (1). Le Digeste nous apprend que le dément n'est pas responsable, ni l'enfant en bas âge, à moins qu'il ne soit *injuriae capax* (Digeste, 9. 2. 5 § 2).

Aussi, l'arrêt de Montpellier, du 31 mai 1866, qui rend un fou responsable : » Attendu que, dans l'application des principes de la responsabilité civile, la loi ne tient compte ni de l'intention... (2), » ne peut-il se justifier dans notre droit.

En effet, si la loi ne tient pas compte de l'intention « méchante », il n'en est pas moins certain que l'article 1382 exige une faute, que l'on ne peut trouver dans l'acte d'un insensé.

Il ne faut pas croire cependant que la démence soit, d'une façon absolue, une cause d'irresponsabilité.

Loin de là, la doctrine (3) comme la jurisprudence enseigne que si l'état d'inconscience a été amené par une faute, la responsabilité subsiste; le fait délictueux et la faute sont, en ce cas, assez intimement unis pour justifier cette opinion. Le fait est une suite de cette faute. Pothier professait la même opinion (4).

C'est ainsi que les habitudes d'intempérance et, en général, tous les excès entraînant à leur suite des troubles mentaux, sont des fautes parfaitement caractérisées et suffisantes pour obliger leur auteur à réparer le dommage causé pendant et à cause de l'état d'inconscience qui a suivi ces excès (5).

Lorsque le dommage résulte non de la démence proprement dite, mais de l'inconscience provenant de l'ivresse, il nous paraît juste de considérer comme suffisante, de la part de la vic-

(1) Von Ihering, dans la brochure que nous avons déjà citée, professe qu'il n'en était pas de même dans le droit primitif, p. 47 et suiv.

(2) Sirey, 66. 2. 259.

(3) Notamment Demolombe, t. XV, p. 154. — Laurent, t. XX, p. 472.

(4) Pothier, *Traité des Obligations*, 1re part., ch. Ier, sect. II, § 2.

(5) Sirey, note. Sous, 1866. 1. 237.

time de l'acte illicite, la preuve de cet état anormal; à lui seul il constituera une faute; loin de militer en faveur de la non-responsabilité, il ne fera qu'affirmer la responsabilité, sauf toujours, chez l'auteur, le droit de prouver que l'enivrement provient d'une cause involontaire. Et si cette preuve ne semble pas suffisante d'une façon absolue, le juge n'est-il pas libre de l'admettre cependant à titre de présomption de l'homme ?

La situation du prodigue ne fait pas de doute dans notre matière. Son incapacité est toute relative et ne peut, comme l'a énergiquement exprimé Treilhard (1), l'exonérer de la responsabilité civile.

Mais la faiblesse d'esprit peut tenir à une cause naturelle : l'âge. Le second projet de Code civil allemand entre, à ce sujet, dans des détails que notre législation ignore. Il fixe à sept ans, dans son § 751, l'âge où l'imputabilité peut se présenter, pourvu qu'il y ait discernement.

Cette disposition est inopportune ; il est préférable de laisser la voie ouverte à l'appréciation du juge. Elle est d'ailleurs trop absolue ; la faiblesse d'esprit peut provenir de l'extrême vieillesse comme du jeune âge, question qui varie à chaque cas.

Le premier projet allemand citait encore deux causes pouvant affecter l'imputabilité : l'erreur excusable et le consentement de la victime.

Le second projet a supprimé, avec raison, ces dispositions qui rentrent dans la question de savoir s'il y a faute ou non. L'erreur n'est excusable, dans le droit actuel, que lorsqu'elle supprime la volonté ; la bonne foi ne suffit pas, nous l'avons déjà dit. On ne peut admettre son importance que dans le système qui tient compte de la gravité de la faute.

Le consentement de la victime peut avoir de l'influence sur la réparation, en ce sens qu'il y aura faute commune. Il est certain qu'une convention illicite ne peut valoir comme telle; mais on peut en tenir compte, comme d'une circonstance de fait.

Une deuxième catégorie de circonstances peut supprimer l'imputabilité. L'acte peut ne pas provenir de la libre détermi-

(1) Fenet, t. XIII, p. 467.

nation de celui auquel on le reproche ; il peut même lui être complètement étranger.

Le principe de l'article 1148, inscrit dans la matière conventionnelle, reçoit toute son application ici. Le cas fortuit et la force majeure excluent la responsabilité par le fait que l'acte ne provient pas du libre arbitre, ne peut être imputé à son auteur.

Les auteurs et la jurisprudence ne distinguent guère entre la force majeure et le cas fortuit. Ces deux expressions sont employées indifféremment.

Une division nous paraît cependant pouvoir être faite entre elles.

Nous entendons par cas fortuit un événement dans lequel n'intervient aucune volonté humaine, aucun fait de l'homme. C'est un fait de la nature dont on ne peut rendre personne responsable. Nous classons dans cette catégorie le dommage qui provient, *ipso facto*, d'inondations violentes et imprévues, de la foudre, de la tempête; en un mot, le dommage dû aux phénomènes de la nature.

Au contraire, la force majeure n'exclut pas le fait de l'homme ; mais la volonté, la liberté sont dominées au point que le libre arbitre n'existe plus. Dans ce cas, l'auteur de l'acte n'est plus qu'un instrument matériel. Tels sont, par exemple, l'affolement, la légitime défense, la détérioration d'une maison menacée par l'incendie d'une maison voisine, l'obéissance hiérarchique, les faits de guerre (1), le cas où un individu, pour échapper à une séquestration arbitraire, brise les obstacles qui le retiennent; et, en général, les cas de nécessité telle qu'elle justifie l'acte.

Le second projet allemand dit, à propos de la nécessité : « La réparation ne tombe pas, en cas de nécessité. » (§ 746). Le Code portugais n'admet pas non plus l'irresponsabilité en cas de nécessité : « Celui qui cause un dommage pour éviter un dommage imminent auquel il ne peut se soustraire autrement, est tenu à réparation » (art. 2396).

Ces solutions peuvent être admises chez nous dans une certaine mesure. On ne conçoit pas, en principe, qu'il soit permis de causer un dommage à autrui, pour s'en éviter un à soi-

(1) Laurent traite ce point avec développement, *Principes*, t. XX.

même. On ne peut ainsi améliorer sa situation aux dépens d'autrui. La nécessité, ainsi entendue, n'enlève pas la liberté.

Mais la réparation ne peut se concevoir, alors que c'est celui qui subit le dommage qui a donné naissance à la nécessité ; il y a là une espèce de légitime défense, quant aux biens. De plus, dans notre droit, il est certain que la nécessité absolue ne peut jamais donner ouverture à dommages-intérêts, car il y a alors force majeure.

Peut-on concevoir le devoir de réparer, de la part de celui qui est sans faute ? Pareille obligation ne peut certes se justifier en principe ; il serait inique de mettre sur le même pied l'innocent et le coupable.

Cette théorie, entendue d'une façon générale, n'est admise par aucune législation développée.

Von Ihering est d'avis que telle était la tendance du droit romain primitif, alors que les notions du droit n'étaient pas encore bien nettes. Mais les juristes romains ont abandonné cette règle, pour en arriver à l'application rigoureuse du principe que ce n'est pas le dommage comme tel, mais uniquement la culpabilité qui fonde la responsabilité et par cela même l'obligation de réparer le dommage (1).

Mais, si le principe de la faute doit être maintenu d'une façon générale, ne peut-il jamais y être fait exception ? Ne peut-on justifier une obligation de réparer de la part d'un dément? Cette solution n'a jamais été admise dans notre droit ; le droit romain l'a rejetée aussi, du moment où il a admis la nécessité de la faute (2).

La théorie contraire a même paru si étrange dans l'esprit de notre droit, qu'on la qualifie parfois d'antijuridique, de révoltante. Cette appréciation, prise d'une manière absolue, paraît, au moins, exagérée.

Nous le répétons : jamais le droit français n'a admis cette manière de voir, jamais les traditions ne s'y sont prêtées, et il semble que, maintenant encore, le besoin d'une solution de ce genre ne se fasse pas sentir. L'obligation dont nous parlons ne forme même pas une obligation morale rigoureuse. D'ailleurs,

(1) *De la faute..., etc.*, p. 46 et suiv.
(2) *Ibid.*

strictement, il est juridique de s'en tenir à la faute, comme élément essentiel de la réparation.

Mais de là à décider que le fait de rendre certains inconscients responsables est absolument inadmissible, il y a loin.

L'examen de la législation étrangère nous montre cette idée reçue en maints pays. En Allemagne, Stobbe enseigne que l'ancien droit n'exigeait pas la faute, et il ajoute qu'actuellement encore, certaines dispositions de ce genre existent, telles : le droit prussien, l. 6, § 41, 42, et la loi autrichienne, § 1310 (1).

La même tendance l'emporte dans la jurisprudence anglaise (2).

L'article 58 du Code fédéral des obligations est ainsi conçu : « Si l'équité l'exige, le juge peut, par exception, condamner une personne, même irresponsable, à la réparation totale ou partielle du préjudice qu'elle a causé. »

Le § 752 du second projet de Code civil allemand consacre la même exception : « Lorsque, dans un des cas indiqués dans les §§ 746 à 749, quelqu'un échappe à la responsabilité d'un dommage causé par lui, parce qu'il ne lui incombe ni intention, ni imprudence, cette personne doit cependant réparer le dommage, pour autant que l'équité exige une compensation, d'après les circonstances du cas, et en particulier d'après la fortune des parties, et pour autant que les moyens de pourvoir à son propre entretien d'après son rang et de remplir ses devoirs légaux d'entretien ne lui soient pas enlevés. »

« Il en est de même lorsque quelqu'un, dans un des cas indiqués dans les §§ 746 à 749, n'est pas responsable, en vertu des articles 750, 751, du dommage qu'il a causé (3), et que la réparation ne peut être obtenue d'un tiers qui serait civilement responsable. »

Enfin, dans le Code portugais, nous trouvons les dispositions suivantes : 2377. — « Si l'auteur du dommage a été exonéré de toute responsabilité pénale, à raison de son état de complète ivresse ou de démence, il n'en sera pas moins tenu à la réparation civile, à moins qu'il ne soit en tutelle, ou sous la surveillance légale de quelqu'un. Dans ce cas, l'obligation de réparer incombera au tuteur ou au curateur, excepté s'il prouve qu'il n'y a eu de sa part ni faute, ni négligence. »

§ unique. — « Si l'irresponsabilité du tuteur ou du curateur est établie, l'obligation de l'agresseur n'en subsistera pas moins. »

2378. — « Dans tous les cas où une réparation est due sur les biens d'un fou, on prélèvera toujours la somme nécessaire pour les aliments, conformément à son état et à sa condition. »

2379. — « La minorité n'empêche pas la responsabilité civile; mais si l'auteur d'un dommage n'est pas, en raison de son âge, soumis à la responsa-

(1) Stobbe, *Handbuch des deutschen privatrechts*, t. III, § 200.
(2) V. Addison, *On the Law of torts*. Londres, 1887, p. 121 et 124.
(3) Ces articles sont relatifs aux inconscients et aux enfants en bas âge.

bilité pénale, ses père et mère seront civilement responsables à sa place, ou, à leur défaut, ceux à la garde et à la direction desquels il aura été confié, à moins qu'ils ne prouvent qu'il n'y a eu de leur part ni faute, ni négligence. »

§ unique. — « Les dispositions de l'article 2377 sont applicables aux mineurs. »

Cette législation est-elle donc condamnable à priori? Il serait téméraire de l'affirmer. Nous pensons que la question que nous examinons est une question d'opportunité, variant d'après les traditions, la conscience des peuples.

Mais il faut se placer sur le terrain qui convient à pareille matière; il ne s'agit pas d'appliquer les principes incompatibles de la faute; une considération toute différente doit nous guider : l'équité, l'humanité.

Si, chez nous, cette idée restreinte de réparation sans faute n'a pu se développer, on peut cependant concevoir que d'autres milieux lui aient été plus favorables.

Voici comment nous pensons pouvoir justifier pareille théorie.

Indemniser un malheureux auquel on cause un dommage dont on n'est pas responsable est un acte de charité louable. A personne ne viendra l'idée de blâmer pareille conduite. Celle-ci peut même paraître si naturelle, qu'on soit porté à n'y voir que l'accomplissement d'un certain devoir, lorsque l'auteur du dommage n'est pas dans l'exercice d'un droit. Dès lors, on conçoit fort bien que, dans un milieu donné, grâce aux traditions et à la conscience publique, ce principe d'équité, répondant à un besoin naturel du peuple, ne soit plus seulement demeuré à l'état d'obligation morale, mais se soit transformé en obligation légale. Nous ne voyons rien qui répugne à l'esprit de justice, sainement entendu, à ce que cette solution prévale dans certains pays.

Cette solution est d'autant plus justifiable qu'elle se restreint dans des limites plus étroites. La législation suisse et allemande insistent particulièrement sur ce point. Il en résulte que la réparation due par un inconscient forme une exception, et que la fortune respective des parties joue un rôle important.

En effet, si, d'une part, on suppose une atteinte imméritée, atteinte d'autant plus sensible qu'elle entame une situation déjà précaire; si, d'autre part, on connaît la source matérielle de cet état, et qu'elle se trouve dans de telles conditions que la satisfaction donnée ne l'atteindrait pas profondément, dans de telles conditions, il a pu paraître socialement juste, à certains législateurs, que l'équilibre, un instant rompu, soit rétabli, et que le rétablissement vienne de là d'où est venue l'atteinte.

Aussi le pouvoir d'appréciation du juge doit-il être fort étendu en cette matière.

Remarquons que nous ne pouvons jamais justifier l'obligation de réparer, de la part d'une personne sans faute, non pour démence ou une cause analogue, mais pour n'avoir fait qu'user de son droit; celui-ci est inviolable.

Nous concluons que la réparation peut s'expliquer, dans certains milieux, de la part d'un inconscient, mais que notre législation la repousse, et qu'elle ne correspond à aucun besoin dans notre pays; il n'est donc pas opportun de l'introduire.

L'imputabilité peut se présenter sous un double aspect. Elle peut exister directement ou indirectement, en ce sens que le fait est commis, tantôt matériellement par celui dont on exige réparation, tandis que dans d'autres cas il n'en est pas ainsi.

C'est ce qui constitue la différence des articles 1382, 1383 avec les articles suivants.

Remarquons que le sens attribué par les rédacteurs du Code à l'article 1383 a été controversé. Certains auteurs (1) estiment que cet article ne vise que les faits négatifs. Cette opinion est rejetée à bon droit par la majorité des auteurs, par cette raison que le mot imprudence convient aussi bien à l'action qu'à l'omission. Cela résulte également du rapport de Bertrand de Greuille. L'article 1383 ne vient que confirmer l'article 1382, et marquer que toute faute suffit (2).

Quoi qu'il en soit, les articles 1382, 1383 pourraient recevoir une rédaction plus heureuse que leur rédaction actuelle.

Les articles 1384 à 1386 traitent de la responsabilité qui incombe à certaines personnes, soit pour des faits commis par d'autres personnes, soit encore pour le dommage causé par des choses inanimées ou des animaux.

Le premier alinéa de l'article 1384 opère la transition. « On est responsable, non seulement du dommage que l'on cause par son propre fait... »

(1) C'est le sens attribué par les auteurs hollandais à l'article 1402 correspondant à 1383.

(2) Fenet, t. XIII. — Id., Laurent, *Pandectes belges*.

Chacun reconnaît que tous ces cas de responsabilité civile supposent une certaine faute dans le chef de la personne rendue responsable. Treilhard l'exprimait en ces termes : « Ceux à qui la responsabilité est imposée ont à s'imputer, pour le moins, les uns de la faiblesse, les autres du mauvais choix, tous de la négligence. Heureux si leur conscience ne leur reproche pas d'avoir donné de mauvais principes et de plus mauvais exemples (1). »

Pour ne pas scinder la matière des articles 1384 à 1386, dont l'intérêt principal consiste dans la question de la preuve, nous la réserverons pour le chapitre quatrième.

Il nous reste encore, pour terminer la matière des articles 1382 et 1383, à traiter de l'illicité.

B. — *L'illicéité.*

Le second élément de la faute est l'illicéité. Nous examinons ici l'acte en lui-même; nous envisageons sa valeur intrinsèque, son mérite propre vis-à-vis du droit.

L'illicéité correspond-elle aux termes romains *contra jus* ou *sine jure?* Nous pensons qu'elle comprend les deux éléments; on peut considérer l'acte à deux points de vue qui, réunis, constituent l'illicéité. L'acte est illicite lorsqu'il est posé sans droit (*sine jure*) dans le chef de son auteur et qu'il porte atteinte au droit d'autrui (*contra jus*). Quand ce second élément existe, le premier existe nécessairement; d'où nous pouvons conclure que : acte illicite et lésion de droit sont des expressions synonymes.

L'inexécution d'un contrat forme un acte illicite, puisque, dans ce cas, il y a manquement à un devoir conventionnel corrélatif au droit conventionnel.

Nous ne nous occupons que des actes illicites régis par l'article 1382 ; le Code ne vise pas, dans notre matière, la lésion de droit conventionnel; cette lésion, constituant l'inexécution du contrat, est régie par d'autres dispositions.

Laurent, dans son avant-projet, range, parmi les délits et quasi-délits, la lésion du droit conventionnel (art. 1122).

Le Code portugais ne sépare pas non plus la responsabilité

(1) Fenet, t. XIII, p. 468.

contractuelle de l'acte délictuellement illicite : Art. 2393 : « La responsabilité résultant du défaut d'exécution des contrats sera régie par les dispositions des articles 702 et suiv.; la responsabilité résultant de toutes les autres obligations sera régie par les mêmes principes, dans tout ce qui leur est applicable. » Nous croyons pouvoir maintenir la distinction du droit actuel en cette matière; les différences qui existent entre le contrat et le délit nous y autorisent.

M. van Biervliet a parfaitement mis en lumière la synonymie des termes *lésion de droit* et *acte illicite* : « L'obligation juridique de réparer le dommage n'existe que si ce dommage résulte d'un fait illicite, c'est-à-dire d'une action ou d'une omission par laquelle on viole la loi. Dans notre matière, le fait illicite s'entend spécialement de la violation ou lésion du droit d'autrui.

» Cette lésion du droit n'implique pas seulement une atteinte matérielle à l'objet du droit d'autrui ; elle consiste essentiellement dans la violation d'un devoir juridique corrélatif au droit lésé. C'est cette violation du devoir juridique qui constitue ici la faute et donne lieu à l'obligation légale de réparer le dommage causé... (1). »

Il en résulte que la lésion du droit ne peut jamais provenir de l'usage normal d'un droit.

Ce point délicat a donné lieu à des erreurs de la part des meilleurs auteurs. C'est ainsi que Laurent enseigne qu'il y a acte illicite et, partant, responsabilité si on lèse le droit d'autrui : « *quand bien même on ne ferait qu'user d'un droit* » (art. 1122). Ces termes, pris dans leur sens juridique, se détruisent l'un l'autre; c'est dire que le droit, pouvoir inviolable, n'est pas inviolable. L'erreur de Laurent réside dans la confusion qu'il établit entre l'usage *légal* du droit et l'emploi quelconque, même abusif d'un droit. Son texte ne s'applique qu'au cas d'abus. Certes, « on ne peut jamais user de son droit de manière à » léser le droit d'autrui. » Pourquoi? Parce que pareil usage n'est plus l'exercice d'un droit, mais un abus que la loi ne peut tolérer.

Pirmez tombe dans une erreur analogue, quand il prétend que « même les actes qui lèsent directement le droit d'autrui » et, à ce titre, emportent responsabilité, peuvent n'être pas » illicites (2). »

Voici en quels termes M. van Biervliet corrige cette erreur :

(1) *Rapport de la Com. de revision*, p. 3, n°s 5 et 6.
(2) *De la responsabilité*, Eudore Pirmez (Bruxelles, Hayez, 1888), n°s 20, 21, 35.

« Ainsi, la lésion du droit impliquerait seulement une lésion, licite ou illicite, à l'objet du droit. L'illicéité de l'acte dommageable ne serait pas une condition essentielle de réparer le dommage causé.

» La lésion du droit se conçoit généralement comme la violation d'un devoir juridique corrélatif au droit lésé, c'est-à-dire comme un acte de l'ordre moral, essentiellement subjectif aussi bien qu'objectif. »

Et M. van Biervliet continue : « Cela est conforme à la véritable notion du *droit*, qui est un pouvoir moral inviolable. Ce pouvoir s'applique soit à une personne, soit à une chose. L'objet du droit peut donc être matériel ; mais, dans tous les cas, le droit lui-même est immatériel et, partant, il ne peut être atteint dans son essence par des modifications purement matérielles. Le droit est essentiellement un rapport moral entre deux êtres raisonnables, dont l'un peut exiger de l'autre qu'il agisse ou qu'il s'abstienne d'agir d'une manière déterminée. Tant que ces deux êtres raisonnables maintiennent entre eux ce rapport moral en y conformant leur volonté, il ne peut y avoir, à proprement parler, de lésion de ce rapport, de lésion du droit. Il n'y a de lésion du droit que lorsque l'un de ces êtres modifie un des deux termes du rapport et que cette modification se manifeste par un acte ou une omission contraire au droit » (Taparelli, *Essai théorique de Droit naturel*, liv. II, chap. 4) (1).

La jurisprudence aussi fait parfois naître des doutes sur l'applicabilité des principes délictuels à tous les cas où ces principes paraissent devoir être appliqués. Donnons un exemple des obligations du voisinage, le dommage nécessaire et, en général, les cas de conflit de droits reçoivent-ils une solution suffisante par les règles de notre matière ?

La jurisprudence n'est pas toujours fort claire sur ce point. La Cour d'appel de Bruxelles a décidé, le 29 mai 1889, que : « le dommage résultant du voisinage d'une usine ne peut être assimilé au dommage causé à un tiers, voisin ou non, abstraction faite de toute relation de voisinage.

» Celui qui exploite un établissement dangereux, qui a été autorisé, doit réparer le dommage qu'il cause alors que, *sans commettre une faute réelle, sans poser aucun acte illicite*, il excède d'une façon permanente les obligations du voisinage (2). »

Pareille décision ainsi justifiée ne se conçoit pas dans le droit actuel ; elle semble supposer des principes qui n'existent pas. Nous ne voyons, dans l'exemple cité, qu'un acte illicite ordinaire.

En effet, nous pensons avec la généralité de la jurisprudence, que : « la distinction entre l'usage et l'abus de la propriété répond, sous une autre forme, à l'idée de faute.

(1) *Rapport*, p. 3, n° 9.

(2) *Pas.*, 1889, 2. 370.

» ... L'intérêt de la société et l'intérêt des tiers sont des faits dont l'examen se résout en la constatation d'une faute (1). »

C'est ainsi que le dommage causé, nécessairement en quelque sorte, par les étincelles d'une locomotive, révèle une faute suffisante pour justifier la responsabilité.

« ... Qu'enfin la science fût-elle, quant à présent, impuissante, les Compagnies n'en seraient pas moins obligées d'indemniser les propriétaires incendiés, car le dommage nécessaire causé par une industrie doit être à la charge de cette industrie, et l'état n'a ni concédé, ni pu concéder le droit d'incendier les propriétaires riverains (2). »

Les deux cas que nous venons de signaler rentrent dans la question plus étendue du conflit des droits.

Au premier abord, il semble que pareille question, laissant subsister le droit chez chaque partie, doive recevoir sa solution en vertu d'autres principes que ceux dont nous nous occupons. Il n'en est rien cependant. Ici encore, nous invoquerons l'autorité de M. van Biervliet (3) : « Les hommes étant égaux quant à leur nature spécifique, ont tous les mêmes droits primordiaux.

» Ainsi, les droits de chacun rencontrent comme limites les droits des autres. Personne ne peut prétendre exercer ses droits d'une manière absolue, sans égard au droit des autres. Chacun est tenu, au contraire, de n'exercer ses droits qu'en respectant les droits d'autrui.

» Mais dans quelle mesure les droits de chacun sont-ils limités par les droits d'autrui?

» Ils le sont dans la mesure qu'implique l'exercice raisonnable de chaque droit et que détermine la valeur respective des droits opposés.

» Voici donc la double limite : D'une part, les droits ne sont inviolables que parce qu'ils sont conformes à la raison et, par conséquent, dans la mesure où ils servent à une fin raisonnable. D'autre part, il est évident que les droits n'ont pas tous la même valeur. Dans la rencontre de deux droits, l'un peut être supérieur à l'autre : dans ce cas, le droit supérieur pourra s'exercer de manière à suspendre actuellement l'exercice du droit inférieur, ou, tout au moins, de manière à restreindre l'exercice du droit inférieur autant que l'exige l'exercice raisonnable du droit supérieur. »

Donc, du moment où un droit doit céder, il n'existe plus comme pouvoir inviolable; il ne reste plus que l'objet matériel du droit.

Quand peut-on dire que l'on use d'un droit ? Demolombe dit que l'on peut user de son droit comme on l'entend; entre plusieurs manières d'user de son droit, on peut choisir la plus

(1) Sirey, 1871, 1. 9; 19 juillet 1870.
(2) Bordeaux, 21 juin 1859; Sirey, 60. 2. 41.
(3) *Rapport*, n° 12.

mauvaise. Mais il ajoute : « On peut exercer son droit jusqu'à l'extrême limite où commence le droit d'autrui (1). »

Larombière enseigne que « nul n'est en faute dans l'exercice régulier et prudent de son droit (2). »

Sourdat pense que celui qui, entre plusieurs manières d'user de son droit, prend la plus mauvaise, commet un délit : « Tout ce qui n'est pas défendu par la loi est permis, n'est pas notre formule. Tout dommage oblige à réparer, s'il n'a pas sa source dans un droit reconnu légalement ou quand il résulte d'un mode d'user de son droit qui n'a pas d'utilité ou qui aurait pu être évité (3). »

Nous avons vu que M. van Biervliet a établi la limite du droit avec beaucoup de précision.

La jurisprudence reconnaît le même système : « Commet un acte illicite et peut être passible de dommages-intérêts, celui qui n'use (4) de son droit que pour nuire à autrui, sans aucun profit pour lui et en violation des droits de ce tiers (5). »

Il est de toute évidence que le droit absolu d'un chacun ne peut s'exercer sans limites; ce serait créer une situation sans issue. La notion du droit est relative; celui-ci n'existe qu'autant qu'on en fasse un usage raisonnable; au delà, il perd son caractère d'inviolabilité et disparaît.

Comment appliquer ces principes au droit de propriété? Le texte de l'article 544 ne donne-t-il pas le droit d'user et de disposer de la manière la plus absolue, pourvu qu'on respecte la loi et les règlements? Ne faut-il pas s'en tenir à ce texte; le conflit de deux droits de propriété ne doit-il pas être tranché par des principes autres que les règles délictuelles?

Nous inclinons à croire que les principes de la faute suffisent pour résoudre cette éventualité.

Personne n'admet que le droit de propriété puisse s'exercer sans limites (6). Cela est évident, si l'on entend le droit de la façon dont nous l'avons décrit plus haut (7). La propriété peut donner lieu non seulement à l'usage, mais aussi à l'abus, et

(1) Tome XV, p. 217.

(2) Art. 1382, n° 11.

(3) Livre I, t. 2, n° 440.

(4) *Use* : nous considérons ce mot dans le sens d'abus et non d'usage régulier.

(5) Cass., 5 août 1858; *Pas.*, 58. 1. 320; — Bruxelles, 20 juillet 1873; *Belg. jud.*, 1873, 988; — Anvers, 18 juillet 1879; *Pas.*, 1879, 3. 372; — Liége, 9 février 1888; — *Pas.*, 1888, 2. 154.

(6) Laurent, *Avant-projet*, p. 107, sous l'article 1122.

(7) C'est-à-dire en rapport avec la raison.

celui-ci existe lorsqu'il y a contravention à la loi, aux règlements, ou lorsqu'il y a simple lésion du droit d'autrui (1).

L'arrêt de cassation belge du 4 juillet 1851 s'exprime en ces termes : « ... Qu'à la vérité, pour soutenir que, dans l'espèce, son action n'a pas eu ce caractère (délictueux), le demandeur prétend n'avoir fait qu'user de sa propriété dans les limites de l'article 544 C. c., c'est-à-dire sans contrevenir aux lois et règlements, mais qu'il est de principe que, pour être licite, il ne suffit pas que l'usage que l'on fait de sa propriété ne soit pas prohibé par les lois et règlements; qu'il faut encore qu'il ne porte pas atteinte au droit d'autrui; qu'en effet, sans cette sage restriction, qui dérive de la nature même des choses, les droits des uns détruiraient ceux des autres, et la société, devenue impossible, tomberait dans l'anarchie (2). »

Il est certain que le principe romain « qui jure suo utitur neminem lædit, » est toujours en vigueur; mais ce principe doit être sainement entendu.

Nous avons dit que l'illicéité comprend toujours un double élément :

a) Il faut que l'acte soit posé *contra jus*, qu'il y ait lésion de droit dans le chef de la victime. Cet élément renferme nécessairement le second élément *sine jure*. On ne peut avoir le droit de léser le droit d'autrui ; cela est juridiquement inconciliable.

Remarquons qu'une lésion de *droit* est exigée, une simple lésion d'intérêts ne peut suffire ; celle-ci, cependant, peut provenir de l'abus d'un droit, du fait de quelqu'un qui agit sans droit.

Ainsi, un propriétaire qui laisse un puits ouvert sur son terrain ne sera pas responsable de l'accident arrivé à un intrus ; celui-ci n'ayant aucun droit de se trouver là, son droit n'a pu être lésé.

Il a été jugé dans le même sens, que : « les administrateurs d'une société anonyme ne sont pas responsables vis-à-vis des tiers du préjudice que ceux-ci ont éprouvé en achetant des actions à un prix onéreux, sur la foi de documents erronés et inexacts émanés de l'administration, mais dont la publicité n'était exigée, par les statuts, qu'en vue des actionnaires. »

La faute, base de l'action aquilienne, « suppose la *lésion d'un droit*, et aucune loi n'accorde aux tiers le droit d'exiger des administrateurs que les documents soient exempts d'erreurs (3). »

(1) Ceci n'est plus seulement user et disposer de son bien, c'est en même temps empiéter sur le droit d'autrui ; ce n'est donc pas rester dans les limites de son droit.

(2) *Pas.*, 1851, 1. 169.

(3) Cass., 20 mars 1879; *Belg. jud.*, 1879, 504.

Il y a droit acquis quand le droit est certain, reconnu par le droit positif et actuellement irrévocable.

b) Il faut que l'acte ne constitue pas l'usage d'un droit, soit commis *sine jure*. Nous avons examiné cette condition.

APPLICATIONS.

Certains cas d'application de la responsabilité civile présentent un intérêt particulier. Il nous a paru utile d'en examiner quelques-uns.

La question de responsabilité dans les professions libérales donne lieu à quelques difficultés. Larombière a fort bien établi le principe général : « Il n'y a aucune position, aucun art, si » élevé qu'il soit, qui puisse s'attribuer l'irresponsabilité. »

Voyons quelques cas particuliers d'application :

1. *Médecins.* — D'après l'opinion communément reçue (1) et suivie en jurisprudence, le médecin doit être rendu responsable de la faute qu'il commet en tant qu'homme, chaque fois qu'il contrevient aux règles du bon sens; si, au contraire, il agit comme praticien, dans la limite de son art et avec la conscience de son opinion, il ne peut être tenu de répondre de ses actes.

N'est-il pas inadmissible, en effet, de vouloir que les tribunaux, incompétents dans la matière, viennent trancher des questions techniques à propos desquelles les hommes les plus versés dans la science peuvent se trouver en désaccord ?

Il en était jugé ainsi en 1843 (2), et la Cour de Liège décidait encore de même, le 30 juillet 1890 : « Les questions de diagnostic ou de traitement médical ou chirurgical ne sauraient faire l'objet de l'examen des tribunaux. En conséquence, le chirurgien, en pratiquant une opération, n'encourt d'autre responsabilité que celle qui procède de négligence ou de mauvais vouloir, c'est-à-dire d'une faute ordinaire impliquant l'oubli de son devoir professionnel (3). »

Le progrès même de la science médicale, l'intérêt général de l'humanité exigent impérieusement une grande liberté d'allures en cette matière.

(1) Demolombe, t. XV, p. 174, 175.
(2) Ypres, 28 juillet 1843; *B. J.*, 1843, 1494.
(3) *Pas.*, 1891, 2. 78.

Il importe cependant de faire remarquer que, dans la pratique de son art, le médecin n'est pas absolument irresponsable. Les fautes lourdes, c'est-à-dire les contraventions à des vérités connues en médecine comme des axiomes, engagent sa responsabilité. — Cette responsabilité ne sort pas du droit commun.

La jurisprudence et les auteurs, en règle générale, lorsqu'ils traitent de la responsabilité des médecins, semblent ne la rattacher qu'aux articles 1382 et suiv. Cette solution est-elle rigoureusement juridique? Il nous paraît impossible de ne pas reconnaître, dans la majeure partie des cas, un contrat entre le patient et son médecin. L'origine de l'intervention de l'homme de l'art ne réside-t-elle pas dans la convention?

Telle est la solution indiquée par Laurent (1) et les Pandectes belges. L'article 348 du Code fédéral suisse est rédigé en ce sens (2).

Faut-il aller jusqu'à dire que la victime de l'impéritie du médecin doive toujours recourir aux articles 1146 et suiv., à l'exclusion des articles 1382 et suiv.?

Non. Chaque fois que l'article 418 du Code pénal belge sera d'application, le fait constituant une faute délictuelle, par cela qu'il est prévu par la loi pénale, permet le recours à l'art. 1382; Il est certain que le droit à la vie est un droit primordial, supérieur à la convention.

Notons au surplus que, dans certains cas, seule l'application de la responsabilité délictuelle sera possible. Tel est le cas du médecin qui donne ses soins dans un cas accidentel, tel encore le cas de traitement obligatoire par un médecin non choisi, en temps d'épidémie dans les hôpitaux, par exemple.

D'ailleurs, même au cas où il s'agit d'un médecin choisi par le patient, nous devons admettre, avec Laurent (3), l'existence de la responsabilité délictuelle, lorsque le dommage est occasionné à la suite d'une expérience scientifique, pratiquée à l'insu du malade, dans un but étranger au cas à traiter.

(1) *Principes*, t. XX, p. 558.

(2) Jugé ainsi par le tribunal fédéral suisse, le 10 juin 1892 : « Suivant le Code fédéral des obligations (art. 348), les rapports entre le malade et le médecin doivent être appréciés par les règles relatives au contrat de louage de services. En conséquence, le médecin est obligé, par contrat, à agir avec soin, et il est responsable de sa faute » (Sirey, 1892. 4. 38).

(3) *Principes*, t. XX, p. 560.

Une pareille responsabilité, si elle naît à l'occasion du contrat, n'a cependant pas celui-ci pour cause.

2. *Avocats.* — Il a été jugé, notamment par un arrêt de la Cour d'appel de Bruxelles, en date du 7 avril 1857 (1), que l'avocat n'encourt aucune responsabilité pour les avis qu'il donne, s'il n'a agi avec fraude ou dol.

Demolombe va jusqu'à dire que l'avocat, comme tel, est irresponsable (2). Cette théorie absolue paraît exagérée. Nous inclinons plutôt vers un système plus sévère. N'est-il pas certain que, lorsque un client recourt aux soins d'un avocat, il reconnaît son ignorance en matière de droit et entend pouvoir se reposer sur son conseil? Aussi celui-ci doit-il justifier cette confiance et agir avec prudence.

Donc l'avocat sera responsable, dans l'exercice de sa profession, des fautes graves qu'il commet, c'est-à-dire des erreurs de droit flagrantes, marquant une véritable incapacité (3). Il doit être libre, au contraire, en présence de points de droit controversés, de soutenir telle thèse plus ou moins hardie, si elle est justifiable. Question de fait que le magistrat est pleinement apte à trancher. On ne pourra dire ici, comme à propos du médecin, que les tribunaux n'ont pas la compétence nécessaire pour apprécier la faute.

Ici aussi, de même que dans le cas précédent, la base de la responsabilité réside presque toujours dans le contrat (4). Le choix d'un avocat constitue une convention.

Cependant il peut se faire que l'avocat soit soumis à l'article 1382 et à lui seul. Tel est le cas de l'avocat chargé, par le bureau de consultation gratuite, de la défense des indigents.

3. *Pouvoir judiciaire.* — Le pouvoir judiciaire est soumis à des règles spéciales, dans le détail desquelles nous n'avons pas à entrer; le droit commun des articles 1382 et suiv. ne lui est pas applicable.

Le droit romain connaissait un quasi-délit spécial, en vertu duquel le juge *qui litem suam fecit*, c'est-à-dire qui a agi avec

(1) *Pas.*, 1857. 2. 353.
(2) Tome XV, p. 178.
(3) Bruxelles, 28 février 1894. — *Journ. des trib.*, 1894, p. 359.
(4) Laurent, *Principes*, t. XX, p. 562.

fraude ou dol, était tenu, à titre de dommages-intérêts, de payer la valeur du litige à la partie lésée.

Le Code civil de Zurich contient, à propos de la responsabilité des juges, une disposition spéciale ainsi conçue : « Toute personne lésée par la faute intentionnelle ou la grossière négligence d'un juge, a, contre le coupable, une action en dommages-intérêts, à moins qu'elle n'ait négligé les recours de droit qui eussent pu faire éviter le préjudice. »

Le Code portugais traite de la responsabilité judiciaire dans les articles 2401, 2402, 2403.

L'article 2402 est ainsi rédigé : « La disposition de l'article précédent (1) ne fait pas obstacle aux actions qui pourraient être intentées contre les juges pour crimes, abus ou erreurs commises dans l'exercice de leurs fonctions. »

Ce texte consacre une obligation plus étendue que celle qui existe chez nous. Dans notre législation, les magistrats se trouvent soumis à une responsabilité toute spéciale, qui n'est encourue que dans des conditions rigoureusement déterminées (2). Ces règles soustraient les juges à l'application du droit commun.

Cette exception se justifie pleinement par l'autorité et le prestige nécessaires à la justice pour l'exercice régulier de sa mission, autant que par l'indépendance que cette fonction réclame. Son importance dans nos relations sociales exige que ses décisions soient à l'abri des attaques trop légères des particuliers. Ajoutons que jamais, dans notre pays, le besoin d'un changement au système actuel ne s'est fait sentir.

Cette faveur ne s'étend pas indistinctement à tous les agents plus ou moins élevés du pouvoir judiciaire; les officiers de police judiciaire, à l'exception des juges d'instruction, sont soumis au droit commun pour les abus qu'ils commettent dans l'exercice de leurs fonctions (3).

4. *Notaires.* — La question de la responsabilité civile des notaires présente un intérêt particulier. Elle donne lieu à une double controverse.

A quels textes rattacher cette responsabilité ? Celle-ci se borne-t-elle aux formalités extrinsèques des actes dont les notaires sont chargés, ou s'étend-elle plus loin ?

(1) Relatif aux dispositions spéciales concernant le pouvoir judiciaire.

(2) V. notamment la prise à partie Cod. proc. civ., art. 505.

(3) Giron, *Droit administratif*, t. I, n° 248.

Chacune de ces questions demande quelque examen.

D'abord, quels textes règlent la responsabilité notariale? L'article 68 de la loi du 25 ventôse an XI, qui traite de la nullité des actes notariés, prononce, « *s'il y a lieu,* » des dommages-intérêts contre le notaire. Quelle est la portée de cette disposition spéciale en présence du droit commun des articles 1382 et suiv.?

Certains auteurs, et notamment Vergé et Bastiné (1), estiment que la responsabilité civile des notaires est réglée spécialement et restrictivement par l'article 68. Les mots « s'il y a lieu » signifient : en cas de dol ou de faute équipollente au dol.

Voici l'argument de M. Bastiné : « Il résulte de l'ancienne jurisprudence et de l'article 68 de la loi de ventôse qui embrasse la plupart des cas pouvant donner lieu à responsabilité, que les articles 1382-83 doivent rester étrangers à cette matière.

» Le Code civil a laissé sous l'empire de lois spéciales tout ce qui tient à la responsabilité des fonctionnaires publics. »

Mais l'ancienne jurisprudence peut-elle avoir quelque valeur légale vis-à-vis des textes actuels?

Le principe si général du Code civil semble faire tout autre chose que de réserver la responsabilité notariale.

M. Bastiné ajoute que le Code civil traite de la responsabilité des notaires à différents endroits, ce qui serait inutile si l'article 1382 leur était applicable. Mais cet argument ne prouve rien, l'insistance du Code est aussi inutile dans le système Bastiné; pourquoi ces différents textes en présence de la règle générale de l'article 68? Il est certain, au surplus, que le but de l'article 68 s'oppose à l'interprétation de M. Bastiné. On ne peut étendre ainsi la portée de l'article 68 à tous les actes illicites, on ne peut davantage restreindre, au cas de nullité de leurs actes, toute responsabilité notariale; ce serait singulièrement méconnaître le but de l'institution.

Aussi l'application du droit commum, à côté de la loi de ventôse, ne fait-elle pas de doute. La théorie de Bastiné est généralement abandonnée. Nous ne la mentionnons qu'à titre de souvenir.

Mais quel est le droit commun qu'il s'agit d'appliquer?

(1) Bastiné, *Cours de droit notarial*, p. 327.

Laurent (1) pense qu'il ne peut être question d'appliquer les principes délictuels. Il considère le notaire comme un contractant; il en résulte que la faute qu'il applique est celle qu'édicte l'article 1137 C. civ. Ce système, dit-il, est moins sévère et plus juridique que l'application de la responsabilité délictuelle.

Il importe, dans l'application des règles juridiques, d'examiner, non le plus ou le moins de sévérité qui en résulte pour la personne responsable, mais bien le point de savoir si la disposition invoquée convient juridiquement au cas auquel on veut l'adapter. A cette question, si on a en vue le système de Laurent, nous répondons : Non.

Pour appliquer l'article 1137, il faudrait considérer le notaire comme étant toujours en rapport conventionnel avec ceux qui recourent à lui. Or, il n'en est pas toujours ainsi; la responsabilité du notaire peut exister sans mandat, sans contrat. C'est que, à la différence de l'avocat et du médecin, le notaire a une mission publique, obligatoire à remplir, celle-ci est indépendante de toute convention et supérieure à celle-ci. Le notaire, dans l'exercice de ses fonctions, est un officier ministériel; les travaux préparatoires de la loi sur le notariat, les auteurs, la jurisprudence nous l'apprennent.

A cette situation légale correspond nécessairement une responsabilité de même nature. Le choix que le client peut exercer n'enlève rien au caractère public de la fonction; ce choix est d'ailleurs nécessairement restreint.

D'autre part les parties, lorsqu'elles recourent au ministère du notaire, ne font pas toujours une convention librement consentie; bien souvent elles se bornent à se soumettre à une obligation légale. Comment dès lors parler de responsabilité purement contractuelle? M. Maton le dit fort bien : « L'article 3 de la loi de ventôse, qui impose aux notaires l'obligation de prêter leur ministère, la repousse...; une convention n'est nécessaire que si les parties et le notaire veulent ajouter de nouvelles obligations aux devoirs légaux (2). »

Notons bien qu'il ne faut pas en conclure que le notaire ne puisse encourir de responsabilité contractuelle. Le notaire peut agir à différents titres, et notamment comme mandataire et gérant d'affaires. Mais cette situation n'existera que lorsque la

(1) *Principes*, t. XX, p. 541.

(2) Maton, *Dictionnaire de la pratique notariale*, t. IV, p. 742.

preuve en sera rapportée. L'étude de ce point ne rentre pas dans notre matière.

Bref, la responsabilité de droit commun, encourue par les notaires, est celle des articles 1382 et suiv. La doctrine (1) et la jurisprudence (2) partagent cet avis.

Cette question tranchée, nous sommes amenés à nous demander quand les articles 1382 et suiv. seront de mise et quand il y aura lieu d'appliquer l'article 68? Quel est donc le sens des mots tant discutés : « s'il y a lieu? »

Nous avons vu que la théorie de Bastiné doit être rejetée. Même les auteurs qui admettent le droit commun à côté de la loi de ventôse sont loin d'être d'accord sur le sens à donner aux termes de l'art. 68.

C'est d'eux que nous nous occuperons.

Dalloz exprime l'avis que les articles 1382-1383 doivent être appliqués hors des cas prévus par l'article 68. « Seulement, » dit-il, « leur responsabilité doit être tempérée « s'il y a lieu. » C'est une question de fait et de circonstances (3). » Il résulte de cette interprétation que la loi de ventôse domine le droit commun en tant qu'elle dit « *s'il y a lieu.* »

C'est là trop étendre la faveur accordée aux notaires. En effet, du moment où l'on recourt à la disposition générale de l'article 1382, on ne peut invoquer un texte compris dans une loi spéciale. MM. Maton, Eloy, Rutgeerts, Micha pensent que l'article 68 doit uniquement être réservé au cas où il est question de nullité d'actes et que, dans cette hypothèse seule : « Le notaire, auteur du fait dommageable, n'est pas responsable, dans tous les cas, pour la faute même très légère, mais bien suivant les circonstances et selon l'étendue et le degré de gravité de la faute, ce que les tribunaux apprécient souverainement (4). »

Tel est le système de la Cour de cassation belge, arrêt du 20 mai 1853, dans lequel Laurent a cru voir l'exclusion absolue de l'article 1382 : « Attendu que l'article 68 de la loi du 25 ventôse an XI, établissant le principe de la responsabilité des notaires, dans les cas qu'il prévoit, à raison de la nullité de leurs actes, a apporté une modification aux principes de droit commun renfermés dans les articles 1382-1383... L'arti-

(1) Demolombe; Dalloz, *Répertoire*, t. XXXIX, p. 304.

(2) 18 nov. 85 et 24 mars 86; Sirey, 89. 1. 55 et 86. 1. 247; — en Belgique, 15 oct. 91; *Pas.*, 91. 1. 254.

(3) Dalloz, *Répert.*, t. XXXIX, nos 302 et suiv.

(4) Maton, *Dictionnaire...*, t. IV, p. 746.

cle 68 n'exige pas d'une manière générale que la responsabilité du notaire, du chef de nullité d'un acte, soit prononcée pour toute faute (1). »

Dans cette opinion, l'article 68 régit une cause spéciale de responsabilité, et il la régit d'une façon complète, moins sévère que ne l'est le droit commun.

Enfin Laurent attribue à la Cour de cassation de France un système différent d'après lequel « s'il y a lieu » serait un simple renvoi au droit commun (2). Mais cette jurisprudence ne s'est pas maintenue (3).

Quoi qu'il en soit, Laurent professe lui-même que les termes « s'il y a lieu » se rapportent au droit commun, c'est-à-dire qu'ils expriment que des dommages-intérêts ne sont dus, en cas de nullité d'actes, qu'alors seulement que les conditions ordinaires de responsabilité se trouvent réunies (4). C'est aussi la solution que nous sommes disposé à adopter, en partant du droit commun de l'article 1382 et non de l'article 1137.

Le principal reproche qu'on nous adresse, à savoir que ce membre de phrase devient inutile, fût-il fondé, n'autoriserait pas la solution que donnent les adversaires de notre système. Ce n'est pas le seul texte de loi qui pourrait recevoir une rédaction plus heureuse. D'ailleurs, le Code civil étant postérieur à la loi de ventôse, une réserve relative au principe de la réparation se comprend fort bien, en attendant l'inscription du principe général dans lequel ce cas particulier devait rentrer.

Et nous ne voyons pas que les mots « s'il y a lieu » éveillent l'idée de quelque règle spéciale; on conviendra que les rédacteurs du Code auraient, en ce cas, pu mieux s'exprimer. Au contraire, l'explication que nous avons donnée vient naturellement à l'esprit : « S'il y a lieu, » c'est-à-dire s'il y a faute et surtout préjudice, d'après le droit commun.

D'un autre côté, le but de l'article 68 n'est certes pas de mettre les dommages-intérêts en relief, d'établir une règle à cet égard. Son unique objet est d'indiquer la valeur de certains actes notariés; puis vient la remarque incidente : sans préjudice des dommages-intérêts, quand les conditions requises

(1) Laurent, t. XX, p. 543.
(2) 2 juillet 78; Sirey, 79. 1. 155.
(3) 14 avril 86; Sirey, 86. 1. 245. — 19 mai 85; Sirey, 85. 1. 297.
(4) *Principes*, t. XX, p. 544.

sont réunies. Le contexte prouve que telle a été l'intention du législateur.

Enfin, en raison, comment concevoir une plus grande indulgence dans le cas de l'article 68 que dans les autres cas de responsabilité? C'est plutôt le contraire qui devrait se présenter. En effet, les formes, les conditions de validité des actes, en un mot les règles de leurs fonctions, doivent, nous semble-t-il, être particulièrement connues des notaires, principalement lorsque, comme c'est le cas, elles se trouvent inscrites dans une loi organique.

L'examen de la responsabilité notariale nous amène à parler d'une autre source de controverses. Jusqu'où s'étend la mission légale du notaire? Se borne-t-elle à l'exécution stricte des formalités auxquelles il est astreint, ou bien a-t-il un certain devoir d'éclairer les parties sur les actes qu'elles passent et les conséquences de ceux-ci?

Ne doit-il ces derniers soins qu'en qualité de mandataire?

Remarquons, d'abord, que nous n'avons à nous occuper que du notaire envisagé comme officier ministériel.

A ce dernier point de vue, l'affirmative et la négative, au sujet de l'obligation d'éclairer les parties, trouve des adhérents.

M. Maton professe une opinion restrictive : Rien, dans le texte de loi sur le notariat, dit-il, ne donne naissance à cette obligation qui aboutit à déconsidérer et à ruiner l'institution. Selon M. Maton, il n'y a ici qu'un devoir moral. En effet, on s'appuie sur l'article 1382, mais il faudrait un texte mettant légalement le notaire en négligence, c'est-à-dire un texte portant que la loi l'oblige à éclairer les parties (1).

La première objection ne peut nous arrêter; nous pensons que, loin de déconsidérer l'institution, la sévérité la relèvera, la confiance augmentant avec la prudence exigée du notaire.

La deuxième objection est plus grave : aucun texte n'établissant le principe dont s'agit, il ne peut être question de celui-ci.

Ne pourrait-on cependant pas dire que ce devoir d'éclairer les parties est légal, parce qu'il fait partie de l'obligation qui astreint le notaire à prêter son ministère en vertu de l'article 3

(1) Maton, *Dictionnaire*, t. IV, p. 478.

de la loi de ventôse? Il résulte des travaux préparatoires que Réal et Favard admettaient une responsabilité étendue ; n'ont-ils pas cru l'exprimer suffisamment dans l'article 3 en question?

La solution cependant nous semble bien douteuse, et il nous paraît plus juridique d'accorder la préférence au système qui limite l'obligation des notaires.

Remarquons que M. Maton ne suit pas sa théorie jusqu'au bout : il établit une distinction, appliquant son système aux actes dans lesquels l'intervention du notaire est facultative, et à ceux où elle est obligatoire pour d'autres considérations que l'intérêt des parties; mais pour les actes notariés dans l'intérêt des parties, il ajoute : « Nous admettrons l'obligation d'éclairer les parties comme répondant au vœu du législateur (1). » Cette distinction ne nous paraît pas possible dans le droit actuel ; si le texte est insuffisant pour un cas, il l'est pour tous.

Si la question, dans le droit actuel, est délicate, la solution logique ne fait pas de doute pour nous. Nous adopterions le principe du devoir d'éclairer les parties, en faisant de la question de l'étendue de ce devoir un point de fait qui variera d'après l'ignorance des parties, la simplicité de l'acte, le mode dont on a eu recours au notaire (2).

Cette solution est conforme au vœu du législateur et au but de l'institution, aussi bien quand l'intérêt public est en jeu que lorsqu'il s'agit d'intérêts purement privés. Si, en effet, le législateur a jugé certaines précautions utiles dans l'intérêt général, il a entendu aussi qu'elles soient observées, et il s'en est remis au notaire du soin de cette exécution. Celui-ci aura donc à répondre de sa faute à cet égard lorsqu'un préjudice en résulte.

La jurisprudence, en général, consacre l'obligation imposée au notaire d'éclairer les parties (3). Elle la regarde comme une question de fait, variable d'après les circonstances.

(1) *Dictionnaire*, t. IV, p. 478.

(2) Liége, 2 nov. 89; — *Pas.*, 90. 2. 72.

(3) France : 27 août 52 ; Dalloz, *Périod.*, 54. 2. 75. — Nancy, 23 avril 74; Sirey, 64. 2. 200. — Toulouse, 24 mars 79; Sirey, 79. 2. 149 ; 6 août 90; Sirey, 92. 1. 252. — Belgique : Liége, 3 février 87 ; *Pas.*, 87. 2. 284. — Bruxelles, 2 juin 81 ; *Pas.*, 81. 2. 278. — Bruxelles, 16 nov. 87; *Pas.*, 89. 2. 163. — Gand, 7 mars 90; *Pas.*, 90. 2. 330. — Bruxelles, 28 juin 90; *Pas.*, 91. 2. 48.

Une obligation, à laquelle le notaire n'est certes pas soumis, c'est de remplir lui-même les formalités parachevant ses actes, telles l'inscription hypothécaire, la transcription. Il suffit qu'il avertisse les parties afin que celles-ci soient à même de faire sortir de l'acte tous ses effets.

5. *Les avoués et les huissiers* se trouvent, au point de vue de la responsabilité, dans une situation analogue à celle des notaires.

Ils peuvent encourir une responsabilité contractuelle, dont nous n'avons pas à nous occuper. En tant qu'officiers ministériels, ils sont soumis au droit commun en même temps qu'aux dispositions spéciales qui les concernent (1).

6. *Fonctionnaires.* — Il importe de ne pas confondre les officiers ministériels avec les fonctionnaires. Les uns et les autres tiennent leur mandat du gouvernement, mais ce mandat diffère : « Par fonctionnaires publics, nous entendons ici tous les agents qui exercent au nom de l'Etat, de la province ou de la commune, une portion de l'autorité publique ou qui participent à l'exercice de cette autorité (2). »

La question est de savoir si l'agent du pouvoir exécutif peut être rendu responsable, et dans quelle mesure. Nous n'avons en vue que les actes qui rentrent dans la mission publique du fonctionnaire; nous n'envisageons pas ici le préposé de l'État personne morale (3).

Le fonctionnaire public peut encourir une certaine responsabilité. Celle-ci est établie, en principe, par la constitution belge (art. 24-139). Ce système diffère de ceux des régimes précédents, dans lesquels le gouvernement essayait de détourner sur lui-même la responsabilité.

Le fonctionnaire peut encourir une faute comme toute autre personne. Sa mission ne lui assure pas l'irresponsabilité.

Chaque fois que l'on peut relever une faute personnelle dans le chef du fonctionnaire, cette faute met la partie lésée en face d'un cas de responsabilité et non plus d'un acte administratif.

Mais la responsabilité ne peut atteindre le fonctionnaire aussi longtemps qu'il ne fait qu'user de son pouvoir. En voici le motif : « Le fonctionnaire qui reste dans les limites de ses attributions

(1) 1031 Code de proc. civ.

(2) Giron, *Droit admin.*, t, I, n. 239.

(3) Nous verrons ce point à propos de la responsabilité de l'Etat.

légales ou réglementaires est exempt de faute, lors même qu'il en use avec peu de discernement et d'une manière inopportune, attendu que tout acte fait dans l'exercice d'une attribution légale est censé le fait du souverain lui-même (1). »

Nous distinguons, comme Laferrière (2) et Blanche (3), entre la faute personnelle du fonctionnaire et l'acte administratif proprement dit. Quand l'acte est administratif, il est par là même un acte de l'autorité, et écarte l'idée de la faute. Jamais, donc, l'action régulière de l'agent du pouvoir ne donnera lieu à dommages-intérêts.

Un acte arbitraire et illégitime peut même ne pas engager la responsabilité de celui qui le commet. Lorsque l'agent inférieur ne fait que se conformer aux ordres de son supérieur, celui-ci, en ordonnant, assume la responsabilité de l'acte. Celui qui agit matériellement devient un pur instrument. Le Code pénal belge consacre cette manière de voir (art. 260). Il y a là une véritable contrainte morale.

Mais un fait, pour présenter le caractère d'acte imposé, doit réunir plusieurs conditions, à savoir :

a) Que l'inférieur rapporte l'ordre du supérieur; *b*) que l'ordre du supérieur se rattache à ses fonctions légales; *c*) que le fonctionnaire supérieur exerce une autorité immédiate et directe; *d*) que le subordonné n'ait pas connu l'illégalité (4).

Donc, l'acte évidemment illégal ne peut excuser son auteur (5).

De ce que nous venons de voir, résulte nécessairement que le pouvoir judiciaire a compétence pour décider si tel acte est ou n'est pas administratif. Et lorsqu'il décide la négative, son droit se borne à accorder des dommages-intérêts; il ne peut être question, pour lui, d'entraver les effets de l'acte lui-même.

Le préjudice peut résulter de la faute de plusieurs agents : « Lorsqu'une mesure illégale est l'œuvre collective d'un corps ou d'un collège administratif, les membres de la majorité qui a voté cette mesure en portent individuellement la responsabilité (6). »

L'acte du fonctionnaire cesse d'être administratif lorsque « la légèreté ou l'irréflexion qui a inspiré l'acte transforme celui-ci en une

(1) Giron, n° 229.
(2) Dalloz, *Pér.*, 1878. 3. 13.
(3) *Le droit*, 25 janvier 1875.
(4) Giron, *Droit administratif*, t. Ier. « De la compétence respective... »
(5) *Revue de l'administration* (*belge*), t. XXVI, n° 40.
(6) Gand, 30 mars 1880

voie de fait, dont la responsabilité même morale ne saurait remonter à l'autorité (1). »

L'acte n'est plus à l'abri de la responsabilité « lorsque les fonctionnaires commettent une faute grave ou une erreur tellement grossière que l'on ne puisse l'attribuer qu'au défaut d'attention ou de soins... Le gouvernement répudie l'acte qu'il laisse imputable à l'homme privé. Le droit des tribunaux est limité précisément aux cas où ils jugent que l'acte du fonctionnaire n'est pas, à proprement parler, un acte administratif (2). »

La jurisprudence reconnaît la faute du fonctionnaire en cas d'excès de pouvoir (3).

« Attendu que les art. 1382-1383 s'appliquent non seulement aux particuliers, mais aussi aux fonctionnaires publics qui, ainsi que la Cour de cassation l'a jugé le 25 février 1833, sont personnellement responsables des actes vexatoires qu'ils se permettent en abusant de leur autorité et en excédant les limites de leurs pouvoirs (4). »

Et remarquons le bien : « Un acte n'est pas administratif par cela seul qu'il émane d'un fonctionnaire de l'administration. Celui-ci peut, en effet, agir soit en conformité de ses pouvoirs, soit en dehors de ses pouvoirs ; dans ce dernier cas, le fait n'est plus administratif et, s'il est dommageable, le fonctionnaire sera personnellement et directement tenu de la réparation, aux termes des art. 1382-83 du C. c. (5). »

Le fonctionnaire peut être en faute non seulement en outrepassant ses pouvoirs, mais encore en les remplissant mal. Aubry et Rau, Laurent, Giron reconnaissent la responsabilité de l'agent du pouvoir, qui accomplit irrégulièrement sa mission.

Mais la faute doit faire disparaître le caractère administratif de l'acte. Tel est le cas du fonctionnaire qui néglige d'observer les formes, les conditions de validité requises pour tel acte.

Il y a certaines exceptions au principe de la responsabilité des fonctionnaires. Il ne rentre pas dans notre cadre d'examiner ce point.

Signalons seulement que les organes du pouvoir exécutif, en tant que participants du pouvoir législatif, sont irresponsables.

Des principes spéciaux règlent aussi la situation des ministres. Mais ces exceptions ne sont pas illimitées : « Les privilèges que la Constitution accorde aux ministres ne concernent pas les actions civiles

(1) *Revue de l'admin.*, t. XXVI, n° 40.

(2) *Ibid.*

(3) Cass., 19 fév. 1857; Pas., 57. 1. 164; — et Brux., 17 mars 1893; *J. Trib.*, 94, 1160.

(4) Pas., 57. 1. 164.

(5) *Pandectes belges*, v° *acte administratif*, n° 29.

qui sont dirigées contre eux en exécution d'un contrat ou en réparation d'un quasi-délit étrangers à leurs fonctions (1). »

Il est certain que la législation actuelle sur la responsabilité des fonctionnaires est incomplète. La constitution (belge) le reconnaît (art. 139).

Certaines législations étrangères (2) traitent de cette responsabilité à propos des délits et quasi-délits ; nous croyons une loi particulière préférable, à raison du caractère tout spécial que devraient revêtir certaines dispositions de cette matière.

7. *Injures, calomnies et diffamation.* — La jurisprudence a souvent l'occasion d'appliquer les principes délictuels pour les faits d'injure, calomnie et diffamation.

Remarquons qu'à Rome l'action spéciale de l'*injuria* tendait principalement à faire subir une peine, l'action reipersécutoire n'existait qu'en cas de préjudice pécuniaire. Dans le droit actuel, l'action civile n'est pas soumise à cette dernière condition. Le dommage purement moral autorise la victime à exiger réparation.

Tous les faits dont nous nous occupons ont le caractère commun de porter atteinte à l'honneur d'une personne, de l'exposer au mépris public. La calomnie présente ce caractère particulier que l'imputation y est considérée comme fausse.

Cette application de la responsabilité pourrait être traitée à bien des points de vue ; l'injure peut s'adresser aux autorités et aux particuliers ; elle peut se produire oralement ou par la voie de la presse (décret du 20 juillet 1831) (3).

Nous nous bornerons à examiner les rapports de l'action civile tendant à réparation des injures avec les principes du Code pénal belge.

En effet, la matière « des atteintes portées à l'honneur ou à la considération des personnes » fait l'objet d'un chapitre spécial dans notre droit pénal. Quelle est l'influence des articles 447, 449, 451 et 452 du Code pénal sur la responsabilité civile ?

(1) Giron, n° 246.

(2) Notamment le projet allemand, le code portugais.

(3) Disons seulement que la liberté de la presse (Constit. belge, art. 182) ne peut soustraire celle-ci à la responsabilité civile. — Liberté et licence sont loin d'être des termes synonymes. — Certaines législations émettent des règles spéciales à propos des injures : code hollandais, portugais.

1. Et d'abord l'auteur d'une imputation injurieuse peut-il trouver sa justification dans l'apport de la preuve de la véracité des faits qu'il avance?

L'article 447 fait une distinction : l'imputation dirigée contre un homme public peut être vérifiée; la preuve de l'imputation dirigée contre un homme privé ne peut résulter que d'un jugement ou d'un acte authentique.

La solution donnée à l'égard des agents du pouvoir nous semble juste pour l'action civile comme pour l'action publique. Contrôler et critiquer leurs actes, loin d'être une faute, est un droit et un devoir qui doit appartenir à tout citoyen.

Lorsque le fait rentre dans la vie privée, nous établissons une distinction : Si l'imputation qui porte atteinte à l'honneur ou au crédit a été exprimée sans intention méchante, mais dans un but d'intérêt légitime, nous pensons que la preuve de la véracité doit être admise; nous ne trouvons pas là le caractère odieux, la faute que suppose l'injure; pareille révélation peut même constituer un devoir. Tel est souvent le cas en matière de renseignements domestiques, commerciaux.

Tout autre est le cas de l'individu qui fait, sans utilité, bien que sans mauvaise foi et par pure légèreté, des révélations de nature à entacher la réputation ; une telle imputation est fautive. Il ne doit pas être permis de ternir la réputation d'une personne sans profit avouable (1).

2. « Lorsqu'il existe, au moment du délit, une preuve légale des faits imputés, s'il est établi que le prévenu a fait l'imputation sans aucun motif public ou privé et dans l'unique but de nuire, il sera puni..., » dit l'article 449. La même solution nous paraît logique en droit civil. Les éléments de l'action civile se trouvent réunis, le préjudice est évident dans une pareille imputation, et elle porte atteinte au droit de ne pas être inquiété.

3. L'article 451, relatif à la reproduction d'écrits, imprimés, images ou emblèmes injurieux, s'applique certainement *mutatis mutandis* à notre matière. Celui qui reprend des imputations dommageables les fait siennes et doit en subir les conséquences, vis-à-vis de la victime. En cette matière, pas plus qu'en

(1) Comparez jurisprudence; 4 mars 47; *Pas.*, 47. 1. 315. — Brux., 2 mai 81; *Pas.*, 81. 2. 356.

toute autre, le coupable ne peut exciper de sa bonne foi (1).

4. Quelle influence, en matière civile, peut avoir l'article 452, qui concerne les discours prononcés et les écrits produits en justice dans l'intérêt de la défense? Cet article s'applique-t-il en matière civile? L'affirmative a été jugée (2). Mais il nous paraît résulter des termes mêmes de l'article : « ne donneront lieu à aucune poursuite *répressive* » qu'il ne peut en être ainsi.

« C'est au point de vue de la loi pénale seulement que le législateur justifie les propos diffamatoires qu'exigent les nécessités de la défense. Il laisse ouverte l'action en dommages-intérêts que la partie, lésée par ces propos, voudrait intenter, ce qui ne peut arriver que quand l'avocat a dépassé les bornes des nécessités de la défense, c'est-à-dire quand les juges ont cru devoir prononcer la suppression des écrits diffamatoires, quand ils ont cru devoir faire des injonctions aux avocats ou officiers ministériels et surtout quand ils ont ordonné des mesures disciplinaires.

» En dehors de ces cas, l'avocat ne fait qu'user du droit que notre texte lui reconnaît formellement (3). »

Cette action civile en réparation doit être jugée conjointement avec le fond de l'affaire principale; il s'ensuit qu'elle doit prendre naissance avant la clôture des débats; cela résulte des discussions auxquelles a donné lieu l'article 452.

Notre Code a laissé toute la question des injures et calomnies à l'appréciation du juge, comme tout autre point de fait.

Il n'en a pas été de même du Code hollandais. Ce code traite en détail des injures et de la diffamation (1408-1416). Il détermine les éléments de la réparation et entre dans des détails sur différents points. Le Code portugais contient également deux articles (2389-2390) consacrés à cette matière.

Ce système nous paraît inutile, l'application des principes à ce cas-ci se fait d'après les règles ordinaires.

Le projet allemand contient, à propos des injures, une disposition spéciale ainsi conçue : « Celui qui dit un mensonge ou le répand, mensonge propre à porter atteinte au crédit d'autrui ou à produire quelque inconvénient pour la position ou l'avenir d'un autre, a l'obligation de réparer le dommage causé par ce mensonge, s'il ne connaissait pas la fausseté mais aurait dû la connaître.

» Une communication, dont la fausseté était ignorée de celui qui la communique, n'oblige pas à réparation si celui qui la fait ou celui qui la reçoit y avait un intérêt justifié » (§ 748).

(1) Brux., 18 juillet 81, 16 février 84, 10 nov. 86; Pas., 82. 2. 117; 84. 2. 239; 87. 3. 13.

(2) Liège, 8 août 78 et 10 juin 80; Pas., 79. 2. 28 et 81. 2. 108.

(3) Nypels, *Code pénal*, t. II, p. 369, art. 452.

Ce second alinéa n'est pas admissible. Avec la faute naît l'obligation de réparer. Quelque intérêt que l'on ait à faire une communication, cet intérêt ne suffit pas pour justifier son auteur, du moment qu'on peut lui reprocher son ignorance de la vérité. Tout ce qu'il est possible de concéder en ce cas, c'est que l'auteur de la communication puisse prouver la véracité de celle-ci.

8. — *La violation de promesse de mariage et la séduction* peuvent également donner lieu à dommages-intérêts.

L'action basée sur la violation d'une promesse de mariage a ceci de particulier, c'est qu'elle ne peut jamais s'appuyer sur le contrat qui résulterait de la promesse elle-même. La loi refuse de voir là une convention civile. La personne lésée doit donc recourir à l'article 1382.

« On alloue des dommages-intérêts, non pour inexécution de promesse de mariage, car ce contrat est nul, mais pour le préjudice causé (1). »

La preuve en cette matière doit-elle être littérale ? Nous pensons qu'il faut suivre les règles générales en matière d'actes illicites, indiquées par l'article 1348. Il se peut que la preuve par écrit soit impossible. Nous ne voyons pas à quel titre on pourrait exiger un acte.

La responsabilité du séducteur donne également lieu à de fréquentes décisions de jurisprudence. La faute délictuelle consistera dans la ruse, les manœuvres doleuses et, en général, dans les moyens illicites mis en œuvre par le séducteur pour arriver à son but.

Décidé par la Cour d'appel de Bruxelles : « La séduction ne donne ouverture à une action en dommages-intérêts que si elle est déterminée par des manœuvres doleuses, notamment par une promesse de mariage antérieure aux relations, telle que la femme a dû nécessairement et invinciblement y croire (2). »

On conçoit que le consentement, l'entraînement mutuel excluent la possibilité de l'action civile ; pas de droit lésé dans ce cas.

Mais encore faut-il que ces causes d'excuse soient sérieuses. Ainsi l'arrêt suivant nous paraît parfaitement rendu : « Au cas de séduction sur une enfant de moins de treize ans... (le séducteur) n'est pas recevable à prétendre que la jeune fille a consenti... la présomption d'ab-

(1) Dijon, 10 févr. et 27 mai ; Sirey, 92. 2. 197.
(2) Brux., 13 juill. 93 ; Pas., 94. 2. 17.

sence et d'impossibilité de consentement de la part de la victime, base des dispositions légales qui protègent l'enfance contre les entreprises du libertinage, subsistant avec toute sa force devant le tribunal civil... (1). »

La jurisprudence et particulièrement la jurisprudence française accuse une tendance marquée et parfaitement juste à user de grande sévérité dans l'application des principes délictuels à cette matière (2).

(1) Dijon, 1er déc. 68; Sirey, 69. 2. 15.

(2) Notamment : Toulouse, 28 nov. etc.; Sirey, 65. 2. 5. — Bourges, 28 mai 79; Sirey, 80. 2. 166.

CHAPITRE II.

EFFETS DU DÉLIT ET DU QUASI-DÉLIT. — COMPÉTENCE. — SOLIDARITÉ.

§ 1. — A. *Nature de la réparation.*

Le fait illicite a pour conséquence d'ouvrir, dans le chef de la victime, un droit à réparation du préjudice causé par ce fait.

Ce que le législateur a eu en vue dans les articles 1382 et suiv., ce n'est pas la punition du coupable, l'apaisement d'un trouble social; son unique but a été de donner satisfaction à la personne lésée, de la remettre, dans la mesure du possible, dans une situation équivalente à celle que le dommage lui a fait perdre.

L'action en dommages-intérêts du Code Napoléon est purement réparatrice, patrimoniale. Le texte, la place de notre matière dans le Code, les travaux préparatoires, tout indique l'intention du législateur de réparer, non de punir.

Ce principe semble admis par la jurisprudence et une partie de la doctrine (1).

Remarquons, à propos de la réparation, que plusieurs points qui auraient pu être traités ici ont été examinés dans la partie du travail consacrée à l'examen du « préjudice » (chapitre Ier). Nous n'y reviendrons plus.

La nature de la réparation est essentiellement variable,

(1) Voir *Rapport de la Commission belge de revision*, par M. van Biervliet, n° 38, p. 9. — *Id.*, Demolombe, t. XIII, art. 1382, n° 474. — Dalloz, v° *Respons.*, n° 237.

comme les faits qui lui donnent naissance et qu'elle a pour but d'effacer dans la mesure du possible.

Quelques législations étrangères (1) s'occupent plus particulièrement de certains dommages dont elles fixent la réparation. Le Code français a laissé, dans tous les cas, la question de la nature et de l'étendue de la réparation à l'appréciation du juge du fait. Selon nous aussi, il est préférable de s'en tenir au principe que la réparation doit, autant que possible, annihiler le préjudice souffert, sans émettre de règles spéciales qui, dans un cas donné, peuvent entraîner une solution peu équitable.

Il est cependant permis de dire, en règle, que la réparation consiste dans l'allocation d'une somme d'argent que le juge fixe d'après la gravité du dommage.

Le devoir du juge, en présence d'une demande en réparation, est de rechercher les moyens les plus propres à compenser le dommage. Cette question est du ressort du juge du fait (2).

Il appartient au juge de décider que l'allocation consistera en un capital une fois versé ou en une rente annuelle, selon que l'un ou l'autre de ces modes répondra mieux aux besoins de la situation (3).

Mais la réparation peut consister en toute autre chose qu'un dédommagement pécuniaire (4). Elle peut se faire aussi bien en nature qu'en argent. Les injures, la diffamation trouvent une réparation naturelle dans la publicité donnée au jugement flétrissant la conduite de l'auteur de pareilles imputations ; il ne peut être question d'allouer une somme d'argent à la victime que dans le cas d'inefficacité ou de réelle insuffisance.

A l'action en réparation proprement dite peut s'ajouter une demande tendant à obtenir certaines mesures de précaution en vue de faire cesser un dommage ou d'en éviter le retour. Entre ce cas-ci et l'hypothèse du *damnum infectum* que nous

(1) Voir notamment : *Deuxième projet allemand*, §§ 766, 771, 772 ; — Code hollandais, 1406 et suiv. ; — Code portugais, 2382 à 2392.

(2) Civil Bruxelles, 24 févr. 1894. — *Journ. des Trib.*, 1894, p. 630.

(3) Bruxelles, 17 fév. 1881 et 18 mai 1887. — *Pas.*, 1881. 2. 153 et 1887. 2. 91.

(4) 6 déc. 1869, Cass. franç. ; Sirey, 1870. 1. 104. — 9 août 1880 ; Sirey, 1881, 1. 358.

avons examinée plus haut, il y a cette différence que, dans le premier cas, le dommage s'est déjà manifesté, et que, par conséquent, les mesures réclamées ne visent pas un préjudice problématique. Les mesures dont nous parlons ici, forment souvent le complément naturel de la réparation.

En principe, le droit des tribunaux d'ordonner telles mesures de précaution que les circonstances peuvent réclamer ne fait pas de doute. Des difficultés peuvent cependant se présenter à raison du droit d'intervention qui appartient, en certains cas, au pouvoir administratif. C'est principalement en matière d'établissements dangereux et insalubres que les conflits peuvent naître.

Il est évident que les établissements qui ne sont soumis à aucune autorisation restent sous la dépendance absolue des tribunaux; de même que ceux-ci peuvent allouer des dommages-intérêts, de même ils peuvent ordonner telle mesure propre à mettre fin au préjudice (1).

Mais que décider à l'égard des établissements classés?

Si l'autorisation requise n'est pas encore intervenue, quel est le droit des tribunaux? Certains auteurs admettent le droit d'intervention du pouvoir judiciaire dans cette hypothèse (2), en se basant sur ce qu'il est impossible de se trouver en contradiction avec un pouvoir dont l'action ne se manifeste pas. Si on admet cette théorie, il faut cependant reconnaître la supériorité du pouvoir administratif, et en conséquence la précarité des décisions judiciaires, en ce que l'administration peut toujours autoriser un établissement que les tribunaux auraient supprimé.

Aussi préférons-nous la théorie opposée, professée par les *Pandectes belges* (3) et par Laurent (4). En vertu de cette théorie, lorsque le conflit est possible, les tribunaux doivent se borner à l'allocation de dommages-intérêts; ce qui est juste, puisque l'administration pourrait invalider les mesures plus

(1) *Pandectes belges*, v° *Etablissements dangereux...*, n° 66.

(2) Vilain, *Législation des établissements dangereux*, n°s 215. 237. 251 et suiv. — Voir aussi Liège, 6 juil. 1847; *Pas.*, 1848, p. 153.

(3) Voir v° *Etablissements dangereux...*, n° 83, et autorités citées dans le même sens.

(4) Laurent, *Principes*, t. VI, n°s 150. 151.

amples prises par la justice. — Enfin, il peut se faire que l'autorisation administrative soit intervenue. Pas de doute que le pouvoir judiciaire ne puisse pas supprimer pareil établissement.

Mais le droit d'ordonnner des dommages-intérêts subsiste; il résulte de l'article 15 de l'arrêté royal belge du 29 janvier 1863 : « Les autorisations accordées par le présent arrêté ne préjudicient en rien aux droits des tiers. » Est-ce l'unique droit qui appartienne aux tribunaux? Le pouvoir judiciaire ne peut-il, en outre, décréter certaines mesures de précaution? Nous pensons que les tribunaux conservent ce droit pour les mesures qui sont sans rapport avec l'autorisation et ne peuvent avoir aucune influence sur celle-ci.

Une décision de la jurisprudence française dit à cet égard : « Les établissements insalubres, alors même qu'ils sont régulièrement autorisés, n'en sont cependant pas moins responsables des dommages qu'ils causent aux propriétés voisines, et les tribunaux ordinaires sont compétents pour fixer, soit l'indemnité due au tiers lésé, soit pour prescrire les mesures propres à faire cesser le préjudice, pourvu qu'elles ne soient pas en opposition avec celles prescrites par l'autorité administrative dans un intérêt général (1). »

Mais nous doutons de la valeur juridique de la décision suivante : « Que le pouvoir judiciaire est compétent pour connaître de la demande tendante à faire ordonner la suppression d'une usine, dont l'établissement a cependant été autorisé alors que cette demande est fondée sur l'inaccomplissement par l'usinier des conditions de l'autorisation (2). » Le recours au pouvoir exécutif nous paraît plus juridique.

Si les demandes en modification de l'autorisation, en suppression de l'établissement autorisé agissant régulièrement, sont du ressort exclusif de l'administration, il appartient toujours au pouvoir judiciaire d'*indiquer* certaines mesures de précaution quelconques, en ajoutant, pour le cas où elles ne seraient pas exécutées, des dommages-intérêts, pourvu que ceux-ci ne constituent pas un moyen de coërcition et ne représentent que la valeur du dommage réellement subi (3).

(1) 11 juin 1877 et 18 nov. 1884. — Sirey, 1878. 1. 209; 1885. 1. 69.

(2) Trib. Liège, 6 juil, 1847. — *Belgique judiciaire*, 1847. 1010.

(3) Laurent, *Principes*, t. VI, nº 150. 151. — 24 avril 1865, Dalloz, *Périod.*, 1866, 1. 35.

B. *Eléments d'appréciation des dommages-intérêts.*

L'existence de la réparation civile est soumise à deux conditions, nous l'avons vu : la faute et le préjudice. Comment la hauteur de cette réparation sera-t-elle déterminée?

Faut-il tenir compte, dans le droit actuel, du degré de gravité de la faute comme de l'importance du dommage pour fixer les dommages-intérêts?

Non. Le principe de notre droit veut que l'auteur d'un acte illicite répare *tout* le dommage qu'il a causé par sa faute *quelconque*. Donc, il ne doit pas plus, « s'il y a eu faute de la partie lésée » (Laurent), ou « s'il y a eu concours d'un fait ou d'une chose dont celui qui subit le dommage est responsable; s'il y a intervention d'un cas fortuit » (Pirmez), « si, en d'autres termes, le dommage total n'a pas été totalement causé par l'acte illicite, il ne doit pas être réparé totalement par l'auteur de l'acte illicite (1). »

D'autre part, il ne doit pas moins non plus que la réparation de tout le tort causé; c'est une conséquence logique de ce que l'action en réparation est exclusivement patrimoniale (2).

Aussi, les partisans de cette opinion dénient-ils toute influence à la gravité de la faute en cette matière. C'est l'avis de M. Pirmez; c'est aussi le sentiment exprimé par M. van Biervliet (3) : Tenir compte de la gravité de la faute, « c'est confondre la réparation civile avec la peine; celle-ci doit être proportionnée au degré de culpabilité; celle-là se mesure uniquement à l'étendue et à la gravité du dommage causé. Quelque légère que soit la faute, elle oblige à réparer tout le dommage qui peut être rapporté à cette faute, comme l'effet se rapporte à sa cause; quelque lourde qu'elle soit, elle ne peut aller jusqu'à obliger le coupable à réparer autre chose que le tort qu'il a causé à autrui... L'action est... patrimoniale... elle n'a point pour objet l'expiation... elle tend à réparation adéquate du dommage causé à autrui (4). »

D'autres auteurs, au contraire, et notamment Proudhon, Larombière, Sourdat et Laurent (5) tiennent compte de la gravité de la faute pour fixer la réparation. Laurent appuie cette théorie sur ce que la réparation constituerait une peine civile;

(1) *Rapport de la Commission belge de revision*, p. 9.

(2) V. plus haut.

(3) *Id.*, Demolombe, art. 1382, n° 474. — Dalloz, v° *Respons.*, n° 237.

(4) *Rapport*, p. 9.

(5) Sourdat, *Traité de la responsabilité*, 1re partie, liv. II, n° 659. — Larombière, *Obligations*, art. 1382, nos 8 et 28. — Laurent, t. XX, nos 523-530.

cette solution est inadmissible dans notre droit, dans lequel, nous le répétons, l'action est purement réparatrice.

Ajoutons que, à notre avis, le système rigoureux de la législation actuelle ne se justifie pas. Aussi nos préférences, en cas de revision, vont-elles au système Laurent. On peut baser cette théorie, comme le fait Laurent, sur le fait de considérer l'action en réparation, non plus comme uniquement patrimoniale, mais comme empreinte d'un certain caractère pénal; en faire une action mixte. — Peut-on dire que cette action fasse double emploi avec l'action publique; ce qui serait contraire à la règle « *non bis in idem ?* » Nous ne le pensons pas. L'action n'en conservera pas moins son caractère d'intérêt privé et non d'intérêt public ; elle n'en sera pas moins accordée à la victime seule; d'ailleurs, si nous tenons compte de la culpabilité, ce n'est jamais pour rendre pire le sort de l'auteur de l'acte, mais, au contraire, pour l'améliorer, puisque la réparation ne dépassera, en aucun cas, le dommage arrivé par sa faute. Et il nous paraît équitable, dans une certaine mesure, de tenir compte de la gravité de la faute. Deux éléments : la faute, le préjudice, sont requis pour que réparation soit due; pourquoi celle-ci ne se proportionnerait-elle pas d'après le degré de l'un et l'autre de ces éléments ? Comment peut-on soutenir qu'il n'est pas possible de tenir compte du degré de gravité de la faute en matière civile, alors que ce principe est admis par le Code civil en matière conventionnelle (art. 1150-1151) ? Là comme ici il s'agit de réparer un fait dommageable.

Enfin, au point de vue pratique, le système du droit actuel, appliqué rigoureusement, aboutit à une sévérité exagérée ; en effet, dans ces conditions, les ornements de luxe, tous les objets quelconques devront toujours être compensés *intégralement*. Demolombe a senti cet inconvénient, aussi admet-il : « Que les magistrats exercent leur pouvoir discrétionnaire dans la fixation *en fait* du chiffre des dommages-intérêts. » Mais ce n'est là qu'un expédient.

Nous avons vu à différents endroits que l'admission du principe que nous soutenons serait d'une application heureuse dans plusieurs cas particuliers de notre matière, notamment en cas de dommage moral, de bonne foi de l'auteur de l'acte.

Le Code suisse, article 51, le Code des Pays-Bas, en certains cas, tiennent compte du degré de gravité de la faute. Le Code autrichien, dans son article 1324, proportionne la réparation à la faute qui est tantôt grossière et intentionnelle, tantôt légère.

Bref, nous croyons à l'opportunité d'une disposition nouvelle, d'après laquelle le juge tiendrait compte, dans la fixation de l'indemnité, du degré de gravité de la faute (projet Laurent 1128).

L'évaluation du dommage ne doit pas se faire d'une manière abstraite, c'est le préjudice réellement subi par tel individu déterminé qu'il faut réparer. Il en résulte que la personnalité de la victime, la valeur d'affection de l'objet détérioré doivent jouer un rôle important; ici encore l'opportunité d'admettre l'influence du degré de faute se fait sentir.

Celui qui éprouve un dommage quand il contrevient au droit, aux règlements, et en général quand il est hors de son droit, n'a aucune prétention à exercer. Comment pourrait-on, dans ce cas, léser son droit?

Comme le dit Larombière : celui qui souffre de sa propre fraude, de sa mauvaise foi ne peut réclamer; celui qui s'expose au dommage n'a droit à aucune réparation; et cela est juste : « *Volenti non fit injuria.* »

Cependant, s'il y a convention illicite, réputée nulle et non avenue comme contraire aux bonnes mœurs, celle-ci n'aura aucune influence et ne pourra être invoquée comme telle par l'auteur de l'acte illicite : « *Nemo creditur propriam turpitudinem allegans.* » Il nous paraît toujours que pareille convention doit être prise en considération, comme circonstance de fait révélant une faute commune.

On ne peut voir, dans la fortune respective des parties, un élément d'appréciation des dommages-intérêts; la fortune est absolument sans rapport avec la responsabilité. Remarquons que le Code hollandais en tient cependant compte en certains cas. (V. not. art. 1406-1408.)

§ 2. — *Comment peut-on obtenir réparation?*

La réparation peut s'obtenir extrajudiciairement comme par le recours à la justice.

A. Les parties peuvent librement arbitrer entre elles la réparation d'un dommage, après l'accomplissement du fait qui lui a donné naissance. L'obligation de réparer devient ainsi une obligation conventionnelle dont chaque contractant doit respecter les termes. Ce contrat, réglant les suites d'un dommage arrivé, n'a rien d'exorbitant; il est valable pourvu qu'il réunisse les conditions de tout contrat.

Quelle est la portée d'une pareille convention? Comprend-elle toutes les suites quelconques à résulter du même fait ou seulement certaines conséquences passées? C'est là une question de fait que l'examen des termes, dans chaque cas particulier, doit éclaircir.

Il est certain qu'une convention enlevant à la victime tout recours à la justice pour un fait illicite accompli, n'a rien d'immoral en soi.

« S'il appartient aux tribunaux d'interpréter une transaction, comme tout autre contrat, ils ne peuvent, sous prétexte d'interprétation, en dénaturer le sens et la portée quand les clauses en sont claires et précises, sans que leur décision tombe sous le contrôle et la censure de la Cour de cassation (1). »

« En conséquence, lorsqu'une transaction conçue en termes généraux et absolus a réglé à forfait et d'une manière définitive, entre l'auteur et la victime d'un accident, toutes les conséquences quelles qu'elles puissent être, résultant ou devant résulter de cet accident, avec renonciation formelle de la victime à toute action de ce chef, tant pour le présent que pour l'avenir, la demande en supplément ultérieurement intentée et basée sur une aggravation dans l'état de la victime est non recevable.

» Et il ne saurait appartenir aux juges du fait de soumettre la fin de non-recevoir tirée de la transaction contre cette demande aux fins d'une expertise, ayant pour but de rechercher si l'aggravation survenue dans l'état de la victime est uniquement la conséquence directe de l'accident et si elle avait pu être prévue lors de la transaction; les juges du fait qui le décident ainsi, sous prétexte d'interpréter la transaction, en méconnaissent les termes clairs et précis et en dénaturent la portée (2). »

Il ne s'agit, en effet, dans ce cas, que de régler les conséquences pécuniaires d'un fait passé, alors que la faute est parfaitement connue. Certes, il peut se faire que la victime perde à pareil arrangement, de même qu'elle peut y gagner; elle fait un contrat aléatoire.

Mais pour que la convention ait la portée d'une renonciation absolue, il importe que ses termes soient parfaitement clairs. Il est naturel, en cas d'ambiguïté, de supposer que le contrat

(1) Dans le même sens, 5 févr. 1890, Sirey, 1891, 1. 107.
(2) 23 févr. 1892; Sirey, 1892. 1. 313. Voir la note.

ne se rapporte qu'aux suites du fait qui se sont déjà manifestées (1).

Celui qui donne quittance par laquelle il renonce à toutes répétitions ultérieures, est-il recevable en cas d'aggravation? Dans les cas ordinaires il semble que cette renonciation doive être limitée au préjudice accompli et ne puisse être étendue au préjudice futur et imprévu lors de la convention (2). L'intention ordinaire des parties est de se limiter aux répétitions relatives au préjudice consommé lors de la convention. « Mais les parties peuvent transiger sur les suites précédentes et futures de l'accident et renoncer ainsi à toute espèce de droits et actions, non seulement actuels, mais encore éventuels, à raison de cet accident. Le plus souvent l'accident dont une personne aura été victime constituera une faute dans les termes de l'art. 1382 du C. civ. Or, la victime d'une faute a le droit d'accepter une réparation à forfait pour toutes les conséquences présentes et futures de cette faute. Ici s'applique l'art. 1130 C. civ. disposant qu'on peut, en principe, stipuler sur des choses futures. Spécialement, la transaction peut porter sur des droits éventuels et non encore ouverts (3). »

La transaction est-elle valable lorsque l'accident constitue un délit pénal? « Même alors l'obligation de réparer le dommage, résultant de l'accident, est susceptible de transaction aux termes de l'art. 2046 C. civ., portant qu'on peut transiger « sur l'intérêt civil résultant d'un délit. » — Ces expressions sont générales et s'appliquent au futur. Interdire à la victime de l'accident de régler à forfait une indemnité définitive, coupant court à toute action future, c'est laisser l'auteur de l'accident exposé à perpétuité à des réclamations ou poursuites. La victime même a intérêt, elle s'épargne les lenteurs et les risques du procès. La partie est d'ailleurs libre de faire des réserves. Le forfait est aléatoire de sa nature (4). »

Nous avons raisonné dans l'hypothèse où le fait illicite est consommé. Un autre cas peut se présenter : le dommage peut n'être pas réalisé.

Quelle est la valeur légale des clauses élisives ou limitatives de la responsabilité? Est-il permis de régler la réparation d'un dommage éventuel, d'y échapper conventionnellement?

Nous n'examinons cette question qu'au seul point de vue des principes du droit civil.

Il est certain que les clauses de non-responsabilité ou les

(1) Voir Brux., 11 juill. 1870; *Belg. jud.*, 1870. 1175. — Genève, 21 mai 1892; Sirey, 1892, 4. 31.

(2) *Id.*, Aubry et Rau, t. IV, p. 665, § 421. — Pont, *Petits Contrats*, t. II, n° 256.

(3) Note Sirey 1892, 1. 313. V. autorités citées.

(4) Sirey, l. l.

clauses édictant une responsabilité limitée seront rares en matière délictuelle; elles peuvent cependant se présenter (1).

M. Sainctelette (2) et une grande partie de la jurisprudence (3) expriment une théorie négative absolue à l'égard de la valeur de ces stipulations. — La matière des délits et quasi-délits étant d'ordre public, disent-ils, il n'est permis d'y déroger en aucune façon. Il en résulte qu'il est immoral, d'une façon absolue, de s'affranchir de ses fautes délictuelles.

M. Labbé reconnaît l'exagération d'un pareil principe. « Posons en principe, dit-il, que l'homme peut, soit en contractant avec ses semblables par un pacte exprès, soit au moyen d'un contrat d'assurances, s'affranchir de la responsabilité de ses fautes, à l'exception des fautes lourdes (4)... »

Dans une autre occasion, le savant professeur ajoute que le droit romain permettait de s'exonérer de sa responsabilité, et qu'aucun texte actuel ne le défend. Cependant M. Labbé propose la distinction que voici : *a*) on peut s'exonérer de la responsabilité de ses fautes (jamais du dol) quand le préjudice porte sur des choses d'intérêt pécuniaire; *b*) on ne peut s'exonérer même de ses simples fautes si le préjudice porte sur la vie ou l'intégrité de la personne (5).

Examinons d'abord l'objection de principe que nous oppose Sainctelette et qui est tirée de ce que les articles 1382 et suiv. seraient d'ordre public. Les *Pandectes belges* (6) répondent à juste titre : « Nous pensons que certes les règles établies par le législateur sur la responsabilité civile ont leur raison d'être dans des considérations d'intérêt général; mais suit-il de là que les questions de responsabilité soient d'ordre public ? S'il en était ainsi, il faudrait admettre qu'une clause élisive de responsabilité d'un commettant, pour le cas de faute de la part d'un préposé, serait contraire au bon gouvernement de la société. — Mais alors concevrait-on que le législateur eût sanctionné la validité de semblable clause, comme il l'a fait spécialement en matière d'assurances maritimes ? (V. loi belge, 21 août 1879, art. 184)... »

« Les clauses de non-responsabilité, lorsqu'elles sont contraires aux bonnes

(1) Voir notamment l'exemple cité par de Courcy, *Le droit et les ouvriers*, p. 66. Le cas est d'ailleurs facile à supposer pour ceux qui admettent que la responsabilité du patron est délictuelle.

(2) Sainctelette, *De la responsabilité et de la garantie*, p. 18 et 25.

(3) Nancy, 5 janv. 1860. — Sirey, 1860. 2. 899. — Saint-Etienne, 10 août 1886; Sirey, 1887. 2. 48.

(4) Note Sirey, 1876. 1. 337.

(5) Note Sirey, 1885. 1. 409.

(6) *Pandectes belges*, v° *Clause d'affranchissement*, t. XIX, p. 801 et suiv.

mœurs, sont, par là même, contraires à l'ordre public. Mais, en dehors de cette hypothèse, on ne voit pas comment elles pourraient mériter ce reproche. »

Et, ajoutent les *Pandectes*, il y a clause contraire aux bonnes mœurs en cas de dol, car semblable clause encouragerait la mauvaise foi en assurant d'avance l'impunité. — Bref, à notre avis, les clauses restrictives de la responsabilité doivent être admises (1) aussi bien pour le dommage causé à la personne que pour le dommage causé aux biens, avec cette restriction qu'on ne peut jamais s'exonérer de son dol ou de la faute lourde y assimilée. L'immoralité de la convention ne réside pas dans la nature du dommage qu'il s'agit de réparer, puisque la réparation, quelle qu'en soit la source, se résout habituellement dans l'allocation d'une somme d'argent; l'immoralité réside, au contraire, dans le degré de gravité de la faute, dont on pourrait s'exonérer; se donner le droit de commettre une faute lourde ou un dol est toujours illicite; mais régler d'avance les suites civiles d'une étourderie ou d'une légèreté éventuelle, qu'elle se rapporte aux personnes ou aux choses, c'est toujours transiger sur un fait moralement peu grave. Nous ne voyons là rien de contraire à l'ordre public (2).

Il y a une importance pratique bien plus grande de connaître la valeur des clauses d'affranchissement en matière contractuelle qu'en matière délictuelle.

Dans quelle mesure le patron peut-il transiger à propos des accidents dont ses ouvriers seront éventuellement victimes? Lui est-il permis d'éviter leur recours en responsabilité par le moyen des assurances?

Nous supposons un point établi : la faute du patron vis-à-vis de l'ouvrier est contractuelle (3).

En matière contractuelle, M. Sainctelette part du principe opposé à celui qu'il professe en matière délictuelle (4). Toute clause élisive ou limitative est licite : tel est son principe. Mais

(1) Nous pouvons encore citer, dans le sens de Sainctelette : Troplong; Pardessus, t. III, n° 942; — Glasson; — Deffès, *De la respons. des patrons...*, p. 44.

(2) Voir dans le même sens : de Courcy, *Le droit et les ouvriers*, p. 49. 66. 77. 82.

(3) Voir plus loin, *Les accidents de travail*.

(4) Sainctelette, *De la responsabilité et de la garantie*, p. 25. — Dans le même sens : Labbé, notes Sirey, 1876. 1. 337; 1885. 1. 409; 1892. 1. 313. — Demangeat, *Revue pratique*, t. XLV, p. 558.

il ajoute aussitôt : il y a exception pour le préjudice à la personne, par le motif que tout ce qui touche à la personne est d'ordre public (1).

Nous ne pouvons admettre cette opinion; nous ne plaçons pas l'immoralité de la convention dans le genre de dommage prévu, mais dans la nature de la faute sur laquelle on transige. Aussi adoptons-nous le principe que nous venons d'émettre en matière délictuelle : toute convention relative au dommage futur est valable lorsqu'elle ne vise que la faute légère.

Telle est l'opinion de MM. Lyon-Caen et Glasson (2), à laquelle nous nous rallions.

De quoi s'agit-il, d'ailleurs, sinon de régler préventivement les suites, survenues de bonne foi, d'un contrat licite en lui-même, puisque nous écartons la faute lourde et le dol. — Les conventions relatives au dommage futur peuvent encore donner lieu à d'autres difficultés.

Plusieurs fois, la jurisprudence a eu à décider de la valeur de la clause par laquelle le patron oblige ses ouvriers à renoncer à l'avance à *tout* recours judiciaire. Elle a décidé, à bon droit, que cette clause, sans vicier nécessairement toute la convention, est nulle. Pareille disposition, en effet, peut aboutir à décharger le patron de sa faute lourde (3). M. Labbé, tout en n'admettant pas cet argument, que nous ne croyons pas sans valeur, arrive à la même solution. — Voici son raisonnement : « La commise d'une clause pénale, dans notre législation, suppose une faute. » (Argument 1229-1230, Code civil.)

Or... « Il n'y a pas faute à s'adresser de bonne foi à la justice pour la solution d'un différend... Une déchéance ne saurait dépendre du seul fait de soumettre à la justice une contestation, car il est possible que cette contestation soit sérieusement douteuse. Il n'est pas licite de s'interdire d'avance de recourir à l'action pacificatrice des tribunaux (4). »

Nous concluons que *toute* clause interdisant à l'ouvrier de recourir aux tribunaux est illicite (5). Elle peut toujours donner lieu à la fraude de la part du patron. Mais, d'autre part, si l'ouvrier recourt à la justice et que le juge ne reconnaisse

(1) Sainctelette, à l'endroit cité plus haut.

(2) Glasson, *Le Code civil et la question ouvrière*, p. 37.

(3) Cass. franç., 1er juil. 1885; Sirey, 1885. 1. 409.

(4) Voir Cass. franç., 1er juil. 1885; Sirey, 1885. 1. 409 et la note.

(5) Comparez les termes des arrêts de : Liège, appel, 14 mars 1894, et Bruxelles, 28 juin 1894; *Journal des Tribunaux*, 1894, p. 426-907.

qu'une faute légère, prévue par la convention, celui-ci doit se borner à faire respecter l'accord intervenu, du moment qu'il réunit les conditions ordinaires.

B. *Recours à la justice.*

La voie ordinaire, pour obtenir réparation d'un préjudice, est le recours à l'action civile en dommages-intérêts qui dérive des art. 1382 et suiv.

Le droit de recourir à la justice appartient à tous ceux qui ont souffert un dommage dans les termes de l'article 1382. Il n'est pas requis, pour que l'action soit recevable, que le fait ait été dirigé contre celui qui agit; l'intention de l'auteur est indifférente.

« L'action en dommages-intérêts, pour réparation d'un crime ou délit, appartient à tous ceux qui directement ou indirectement en ont souffert un préjudice réel, sans qu'il soit nécessaire que des obligations naturelles ou légales les rattachent à la victime (1). »

Et, dans certains cas, la preuve du dommage personnellement subi résultera suffisamment du seul fait de l'existence d'un préjudice visant autrui. C'est ainsi que la jurisprudence décide que, entre ascendants et descendants, la solidarité, résultant des liens de la famille, justifie, de la part de tous, l'action en réparation du dommage causé à l'honneur de l'un d'eux (2).

Il va sans dire que, pour que l'action soit recevable, il faut avoir qualité pour agir. Sera non admissible l'action intentée au nom d'un être fictif n'ayant pas la personnalité civile (2). Les fonctionnaires, les corps constitués peuvent agir en réparation comme les personnes physiques. Lorsque l'Etat, la province ou la commune exercent l'action en dommages-intérêts, ils doivent être considérés comme personnes morales. Ils se placent, en effet, sur un pied d'égalité vis-à-vis de l'adversaire; ils invoquent les principes du droit privé, applicables aux intérêts civils. Comment, d'ailleurs, soutenir que réparer un dommage soit un acte de pouvoir?

« Le collège échevinal a une action civile en dommages-intérêts contre un

(1) Bourges, 16 décembre 1872. — Sirey, 1874. 2. 71.
(2) Gand, 17 juillet 1872. — *Pas.*, 1872. 2. 406.

journal qui a publié, de mauvaise foi, un article diffamatoire, dans le but évident et calculé de nuire à un établissement communal d'instruction...

» Le droit et l'équité exigent la réparation de tout préjudice injustement souffert, que ce préjudice ait sa source dans un délit ou un quasi-délit, qu'il lèse une personne individuelle ou un être juridique. » M. Faider concluait de même dans son réquisitoire. « Existe-t-il une loi qui prive les hommes publics, les fonctionnaires, les corps constitués des réparations réclamées en cas de diffamation (1)...? »

L'action civile peut être cédée et exercée par les créanciers conformément aux principes de ces matières (2).

Supposons que la partie lésée soit décédée sans avoir obtenu satisfaction. Quel est, dans ce cas, le sort de l'action? Si l'action, qui appartenait au *de cujus*, a été par lui introduite, cette action passe aux héritiers au même titre que tout autre droit quelconque; elle fait partie du patrimoine dans lequel l'héritier la retrouve (3).

Mais il se peut que la personne lésée soit morte sans avoir entamé l'action en réparation. Aucune difficulté ne se présente à l'égard des lésions dans les biens; ceux-ci appartenant à l'héritier, il a sur eux tous les droits qui compétaient à son auteur. Mais que décider lorsque l'atteinte porte sur la personne du *de cujus?*

Nous établissons en principe que toute action quelconque en dommages-intérêts passe aux héritiers, qu'il s'agisse de dommage aux biens ou de dommage à la personne tant morale que physique. L'action en réparation n'est pas strictement personnelle et la renonciation ne se présume pas (4). En matière d'atteintes à l'honneur et à la réputation, l'article 450 du Code pénal belge accorde l'action publique aux héritiers légaux jusqu'au troisième degré. Comment dès lors pourrait-on refuser l'action civile, tout au moins aux mêmes personnes. Remarquons, au surplus, que, à notre avis, rien n'autorise l'application de la restriction de l'article 450 du Code pénal en matière civile.

La jurisprudence belge n'hésite pas à accorder aux héritiers,

(1) 14 juin 1883; *Pas. Belge*, 1883. 1. 267.

(2) Voir Laurent, t. XX, n° 535. Une exception résulte de l'article 450 du Code pénal belge.

(3) Sourdat, 1re partie, livre Ier, p. 37, n° 59.

(4) Comparez Sourdat, 1re partie, livre Ier, nos 58 et suiv.

comme tels, une action basée sur les douleurs physiques ou morales endurées par le *de cujus* (1).

Il va de soi que l'action doit être née dans le chef de la personne lésée pour être transmissible aux héritiers.

Il en résulte que l'action basée sur la mort du *de cujus*, n'ayant pu appartenir à celui-ci, ne peut revenir à ses héritiers en cette qualité; il faut, en ce cas, relever un dommage réel dans le chef de celui qui agit (2).

Il en résulte aussi que les héritiers ne peuvent obtenir réparation du préjudice atteignant une personne qui était déjà décédée au moment du dommage. Il est d'évidence que la victime n'a jamais pu agir, ni, en conséquence, transmettre un droit qu'elle n'a jamais eu; un dommage direct, souffert par celui qui agit, peut seul justifier l'action (3).

L'article 450 du Code pénal belge règle le sort de l'action publique dans l'hypothèse du décès antérieur aux attaques calomnieuses. Remarquons ici, comme nous l'avons déjà fait, que le préjudice ne doit pas être prouvé par les ascendants et descendants de la personne attaquée; la solidarité résultant des liens de la famille établit suffisamment le dommage.

L'action civile se donne contre l'auteur du préjudice et la personne civilement responsable, ainsi que contre leurs ayants droit.

Devant la juridiction civile on peut agir indifféremment, soit contre l'auteur du dommage ou ses héritiers, soit contre la personne civilement responsable; tous les éléments de l'action se retrouvent en cette dernière (4).

Devant la juridiction répressive, au contraire, il faut toujours mettre en cause, au principal, l'auteur du délit pénal. L'action ne peut être intentée contre les héritiers. Si les dommages-intérêts peuvent être réclamés de la personne civilement responsable, ce n'est qu'accessoirement, on ne peut agir contre elle seule, puisqu'elle n'est pas coupable d'un délit pénal (5).

(1) Anvers, 6 juin 1894; *Journal des Tribunaux*, 1894, n° 1076. — Bruxelles, 24 décembre 1892; *Journal des Tribunaux*, 1893, p. 136.

(2) Voir Deffés, *déjà cité*, p. 70. — Sourdat, n°s 54 et suiv.

(3) 16 janvier 1863, Bruxelles; *Pas.*, 1863. 2. 145.

(4) 16 février 1866; Dalloz, périod., 1866. 1. 421.

(5) Il est certain qu'on peut agir contre la personne civilement responsable,

Nous nous demanderons incidemment si notre matière rentre dans le statut réel ou dans le statut personnel? Nous estimons, comme l'enseigne Laurent (1), qu'il faut appliquer les règles de droit du pays où le fait s'est commis et où la réparation se poursuit. En effet, il ne s'agit pas ici de régler une question d'état ou de capacité juridique, et nul ne contestera que ces dispositions tiennent à l'utilité publique, à la sécurité générale. De plus, la grande majorité des cas ne suppose-t-elle pas une atteinte aux biens et surtout une réparation pécuniaire?

§ 3. — *Questions de compétence.*

Notre matière nous amène à examiner les trois questions de compétence suivantes : *a*) Dans quels cas les tribunaux de commerce peuvent-ils connaître des délits et quasi-délits? *b*) Quand peut-on recourir à la juridiction répressive? *c*) Quelle responsabilité peut encourir l'Etat?

a). — *Compétence des tribunaux de commerce.*

La compétence des tribunaux de commerce est déterminée, en Belgique, d'une façon générale par les dispositions suivantes : la loi du 25 mars 1876, article 12 : « Les tribunaux de commerce connaissent : Des contestations relatives aux actes réputés commerciaux par la loi... » Article 13 : « Si la contestation a pour objet un acte qui n'est pas commercial à l'égard de toutes les parties, la compétence se détermine par la nature de l'engagement du défendeur. »

Code de commerce, 15 décembre 1872, article 2 : « La loi répute actes de commerce : ...Toutes obligations des commerçants, à moins qu'il ne soit prouvé qu'elles aient une cause étrangère au commerce. »

Ces dispositions n'écartent pas du tout la notion d'un délit ou d'un quasi-délit commercial (2).

Voir 145, 182, 190, 195, 202, 205, 210 et 216 Code inst. crim., mais seulement devant les tribunaux correctionnels et de police. Comparez article 216 et 373 Code inst. crim.

(1) *Droit international...*, t. VIII, p. 22, nos 9, 10.

(2) *Contrà.* Voy. *Belg. judiciaire*, n° 27, p. 1361, l'opinion de M. Antheunis. — *Id.*, Gand, 6 février 1845, p. 405.

En effet, le terme général « obligations » employé par l'article 2 (C. de com.) comprend aussi bien les obligations délictuelles que contractuelles. Et l'expression « acte réputé commercial » (art. 12, loi de 1876) a le même caractère général; cet acte peut aussi bien être illicite que licite. La jurisprudence parle constamment de quasi-délit commercial (1) ; et la loi du 27 mars 1891, déniant compétence aux tribunaux de commerce en cas de dommage causé à la personne, ne prouve-t-elle pas à l'évidence, par un raisonnement *a contrario*, l'existence d'obligations délictuelles de nature commerciale?

Mais quelle est la limite exacte de la compétence consulaire dans notre matière? Quand un acte illicite sera-t-il réputé commercial? Aura-t-il ce caractère du moment qu'il est en rapport plus ou moins étroit avec le commerce, suffit-il que l'acte ait eu lieu à l'occasion ou dans l'exercice du commerce (2)? Faut-il, au contraire, qu'il s'agisse d'un acte de commerce, *sensu stricto*, pour que les tribunaux consulaires aient compétence?

Une double considération doit nous guider dans la solution de cette question. D'une part, l'utilité qu'on assigne aux tribunaux de commerce est de trancher certaines questions particulières au commerce, exigeant par là même des connaissances spéciales; d'autre part, la juridiction consulaire est une juridiction d'exception. Il résulte de là qu'il faut s'en tenir strictement aux termes de la loi, sans toutefois tomber dans une sévérité exagérée.

Nous pensons, avec les *Pandectes belges* (3), que les mots « obligations d'un commerçant qui n'ont pas une cause étrangère au commerce embrassent assurément tous les faits qui s'accomplissent *dans l'exercice du négoce, comme une conséquence* de celui-ci, et comme s'y rattachant étroitement (4). »

« En résumé, donc, les quasi-délits sont ou civils ou commerciaux. En eux-mêmes, ils n'ont pas de caractère propre, ils empruntent leur couleur aux opé-

(1) Brux., 22 févr. 1854; *Pas.*, 1854, p. 321. — Liège, 21 févr. 1857; *Pas.*, 1858, p. 58. — Gand, 24 juillet 1873; *B. J.*, 1873-1126. — Brux., 16 nov. 1876; *Pas.*, 1877, p. 38. — Appel Brux., 13 mars, 1894; *J. d. T.*, 1894, n° 1048.

(2) La jurisprudence est tantôt plus large, tantôt moins. Voy. *Pandectes belges*, v° *Commerçant*, n° 346.

(3) *Pandectes belges*, v° *Acte de commerce*. Voir toute la théorie n° 747 et s.

(4) *Pandectes belges*, v° *Acte de commerce*, n° 772. — Voy. appel Bruxelles, 26 nov. 1880 et 1er juill. 1881. Sirey, 1881. 4. 38.

rations dont ils font partie. C'est la même situation que pour les contrats, qui, eux aussi, sont presque toujours neutres à priori. Si les délits ou quasi-délits sont des éléments d'une exploitation commerciale, s'ils se produisent dans cette exploitation, au cours des différents faits par lesquels elle se développe, ils sont commerciaux. Dans le cas contraire, ils sont civils (1). »

Ainsi l'exige la logique des textes. Cependant nous préférerions que la compétence consulaire fût restreinte aux seuls actes illicites, constituant en eux-mêmes des actes *de* commerce, *sensu stricto*, ainsi par exemple : concurrence déloyale, usurpation d'enseigne.

Il suffit, aux termes de l'article 13 de la loi de 1876, que l'acte soit commercial au regard du défendeur seulement pour attribuer compétence aux tribunaux de commerce. Lorsque les deux parties sont commerçantes, l'acte est supposé de nature commerciale.

Il peut se faire qu'il y ait plusieurs défendeurs dans une action indivisible, et que certains soient commerçants, d'autres pas. La jurisprudence a décidé, à bon droit, que, dans ce cas, la compétence revient au juge civil, puisqu'il est investi de la juridiction ordinaire (2).

N'oublions pas de signaler l'exception générale au principe de la compétence commerciale établie à l'égard du dommage à la personne. Cette exception résulte de la loi belge du 27 mars 1891, dont l'intitulé porte : « Compétence exclusive des tribunaux civils pour les contestations relatives à la réparation d'un dommage causé par la mort d'une personne, par une lésion corporelle ou une maladie. »

b). — Compétence de la juridiction répressive.

Le fait donnant lieu à réparation civile peut constituer en même temps une infraction au droit pénal, et être, en conséquence, soumis à l'action publique.

Dans ce cas « l'action civile peut être poursuivie en même temps et devant les mêmes juges que l'action publique. Elle peut aussi l'être séparément (3)... »

La partie lésée a donc un choix à exercer.

1. — Elle peut recourir aux tribunaux civils. Mais, dans cette

(1) *Pandectes belges*, v° *Acte de commerce*, n° 800.

(2) Voir en ce sens : Charleroi, 22 février 1893; *Journ. des tribunaux*, 1893, p. 618. — Civ. Brux., 22 nov. 93. *J. d. T.*, 1893, p. 1367.

(3) Loi belge du 17 avril 1878, art. 4.

hypothèse, son action n'est pas toujours libre; elle peut s'exercer, par rapport à l'action publique, à trois moments différents.

a) Si elle s'exerce avant toute poursuite criminelle, l'action civile aura libre cours. Comment pourrait-elle être arrêtée par une action non intentée?

b) Si elle est exercée en même temps que l'action publique, il n'en est plus de même. Aux termes de l'article 4 de la loi belge du 17 avril 1878 : « l'exercice (de l'action civile) est suspendu tant qu'il n'a pas été prononcé définitivement sur l'action publique, intentée avant ou pendant la poursuite de l'action civile. » Il était, en effet, indispensable de suspendre l'une de ces actions pour éviter les contrariétés de jugement, et la juridiction répressive a obtenu la préférence à raison de ses moyens d'action plus étendus et de son importance au point de vue social.

Remarquons que cette règle ne s'applique qu'à l'action civile, *sensu stricto*, c'est-à-dire à l'action en dommages-intérêts prévue par les articles 1382 et suivants, et non à l'action qui se base uniquement sur un contrat (1). Celle-ci, trouvant sa source dans un ordre de principes différent, peut toujours s'exercer librement. Il faut logiquement donner la même solution, ici, que celle qui est donnée en matière de prescription (v. art. 21, 22, 23, loi 17 avril 1878); dans tous les textes de cette loi, les mots « action civile » doivent avoir le même sens (2).

c) Enfin, le juge civil peut n'être saisi que postérieurement à l'action publique.

Quelle influence le jugement répressif aura-t-il alors sur la décision à rendre par le juge civil?

« Si les décisions criminelles ont, au civil, l'autorité de la chose jugée, c'est seulement en ce sens qu'il n'est pas permis au juge civil de méconnaître ce qui a été nécessairement décidé par le juge criminel (3). »

Les points formellement tranchés par le juge répressif, pour autant qu'ils soient de sa compétence, ne peuvent plus être modifiés par une autre juridiction. Tels sont notamment : l'existence du fait, sa qualification légale, la culpabilité du prévenu.

(1) Voir en ce sens Sainctelette, *De la responsabilité et de la garantie*, p. 38.

(2) Voir, plus loin, *De la prescription*; comp. Sainctelette, *op. cit.*, p. 36, note 2 et p. 39, n° 29.

(3) 28 juillet 1879. Sirey, 1880. 1. 216.

Quel sera l'effet d'un acquittement intervenu ? L'acquittement prononcé par la Cour d'assises ne peut avoir aucune influence sur l'action civile, une pareille décision ne devant pas être motivée. S'il s'agit de l'acquittement prononcé par un tribunal correctionnel ou de police, il faut en examiner les termes, afin d'éviter toute contrariété de jugement. Ainsi, l'acquittement intervenu à raison du défaut d'intention, de preuve suffisante, sera sans influence sur la décision civile ; car, dans le premier cas, l'individu pourra toujours être rendu responsable du chef de simple quasi-délit, et dans le second, il ne faut pas perdre de vue que, en matière civile, le juge peut se contenter de simples présomptions, tandis qu'en matière pénale une preuve absolue est requise.

Mais si le juge répressif décide que le fait n'a pas eu lieu, que le prévenu n'en est pas l'auteur, ces décisions doivent être tenues pour irrévocables.

L'article 418 du Code pénal belge prévoit un cas particulier : « Est coupable d'homicide ou de lésions involontaires celui qui a causé le mal par défaut de prévoyance ou de précaution, mais sans intention d'attenter à la personne d'autrui. »

L'acquittement intervenu en cette matière exclut-il toute faute civile, tout droit à réparation ? Sous l'empire de l'article 319 du Code pénal de 1810, la jurisprudence française décide qu' « il appartient au juge du fond de décider, d'après les circonstances du fait et la gravité de l'imprudence alléguée, si cette imprudence constitue un délit ou une simple faute ne donnant ouverture qu'à une action civile en dommages-intérêts (1). »

Une solution analogue est encore parfois intervenue sous l'empire du Code pénal belge de 1867 (2).

Mais Nypels, dans son Code pénal (3), reconnaît que l'article 418 a une portée plus étendue que l'article correspondant du Code de 1810. Et il ressort des travaux préparatoires du Code de 1867 que les rédacteurs de ce Code ont voulu mettre fin à la controverse existant à cet égard (4).

Nous en concluons que la non-existence de la faute prévue

(1) Cass. fr., 15 avril 1889. Sirey, 1891. 1. 292. — *Id.*, 20 oct. 1890; Sirey, 1890. 1. 532.

(2) Charleroi, 21 juin 1873, et Mons, 25 avril 1875; *Pas.*, 1873. 3. 221, et 1876. 3. 125.

(3) *Code pénal belge interprété*, t. II, p. 437.

(4) *Législation criminelle*, t. III, p. 242, nos 104 et 106.

par l'article 418 du Code pénal, établie au criminel, empêche toute faute civile d'exister; la faute criminelle, ici, comprend toute faute civile.

Est-ce à dire que lorsque la poursuite criminelle, basée sur l'article 418, aboutit à un acquittement, l'action en réparation doive toujours être rejetée? Nous ne saurions l'admettre. En effet, l'acquittement peut être basé sur le doute, sur l'insuffisance de la preuve. Or, si le juge répressif doit, pour punir, exiger une preuve absolue, il n'en est pas de même en matière civile.

Le juge civil peut baser sa conviction sur une preuve moins absolue, sur de simples présomptions de l'homme (art. 1353 C. c.).

Faisons une application de cette opinion.

Le tribunal de Mons a jugé, le 20 avril 1893 : « Attendu que... la prévenue a, néanmoins, manqué de la simple prévoyance ou précaution que doit posséder toute personne de son art..., mais que l'instruction à laquelle il a été procédé devant le tribunal, si elle permet des suppositions à cet égard, n'a pas établi d'une manière *absolument certaine et indiscutable*... Par ces motifs, le tribunal acquitte la prévenue et la renvoie des fins de la poursuite; condamne la partie civile aux frais à partir de son intervention (1). »

Si l'acquittement est justifié dans ce cas, attendu que la preuve n'est pas suffisamment faite, ce considérant ne nous semble pas devoir lier le juge civil, qui peut trouver la présomption de faute suffisamment grave, précise et concordante. Remarquons-le bien, il ne s'agit pas de conclure, au civil, à l'existence d'une faute déniée par le juge répressif; mais bien, dans le doute, de pouvoir baser la condamnation aux dommages-intérêts sur un degré de *certitude* de la faute, moindre que ne l'exige la juridiction criminelle.

Et il ne nous paraît pas que la solution que nous donnons aboutisse à une contrariété de jugement, puisque en disant : attendu que les faits ne sont *pas suffisamment* établis, ce qui est le cas que nous supposons, le juge répressif ne déclare pas du tout le prévenu *innocent*.

2. — La partie lésée peut également recourir à la juridiction

(1) *Journal des tribunaux* (*belge*), 1893, p. 619. — Ce n'est pas à dire que nous critiquions la décision que nous rapportons. Nous supposons l'action portée devant *le juge civil*; le juge répressif, en effet, ne pouvait que renvoyer la partie civile, puisqu'il ne peut prononcer les dommages-intérêts, accessoirement à l'action publique, qu'au cas de condamnation. Mais nous pensons que le juge *civil*, saisi de l'affaire, doit pouvoir condamner.

répressive pour obtenir réparation du dommage causé par une infraction. La juridiction répressive peut être saisie de deux manières : soit que la partie civile se joigne au ministère public déjà en mouvement, soit qu'elle le mette en mouvement, ou bien par la voie de constitution de partie civile devant le juge d'instruction (seul mode permis en matière criminelle), ou bien par la voie de citation directe qui n'est permise qu'en matière correctionnelle et de police.

Quels sont, au point de vue de la réparation du préjudice, les droits du juge répressif? En cas de condamnation, le juge statuera en même temps sur la demande civile. Rappelons toutefois qu'ainsi qu'il résulte de la comparaison des articles 177, 216 et 373 du Code d'Instruction criminelle, la personne civilement responsable ne peut être attraite, et, en conséquence, condamnée à réparation que devant les tribunaux correctionnels et de police.

Que décider en cas d'acquittement?

Baudry (1) professe que le tribunal criminel peut allouer des dommages-intérêts, même au cas d'acquittement, à charge de relever une faute distincte du fait délictueux définitivement écarté.

Il importe de faire ici une distinction.

Devant la Cour d'assises, tous les dommages-intérêts, ceux de la partie civile et ceux du prévenu, peuvent être réclamés, quel que soit le verdict. C'est ce qui ressort des articles 358 et 366 du Code d'Instruction criminelle. Il n'en est pas de même devant les tribunaux correctionnels et de police. Ce droit, que nous venons de reconnaître en matière criminelle, n'est pas conforme à l'ordre des juridictions. L'acquittement intervenu prouve que la partie civile s'est trompée en agissant devant le juge répressif. Elle devra donc, à juste titre, subir les conséquences de son erreur et se pourvoir devant le juge compétent. Il faudrait un texte formel pour faire exception à ce principe; or ce texte existe en matière criminelle ; il n'existe pas en matière correctionnelle et de police. Cette différence autorise notre solution (2).

(1) *Précis de droit civil*, t. II, n° 1350.
(2) *Pandectes belges*, v° *Acquittement*, n°s 236 et suiv.

Que décider des dommages-intérêts réclamés contre la personne civilement responsable, devant les tribunaux répressifs, lorsque la condamnation n'a pas été prononcée à raison du jeune âge de l'inculpé? La difficulté que nous soulevons ici a sa source dans la « loi Lejeune » de 1891 (1).

Dans cette hypothèse, la juridiction répressive a le droit, pensons-nous, de statuer sur la demande en réparation. En effet, dans ce cas exceptionnel, le juge décide, non pas qu'il y a lieu d'acquitter, mais qu'il n'y a pas lieu de prononcer la peine.

En cas d'acquittement, les tribunaux répressifs peuvent statuer sur les dommages-intérêts prétendus par le prévenu contre la partie civile (art. 159, 191, 212, 359 C. I. Cr.).

Il serait dur, en effet, alors que le prévenu acquitté a déjà dû se défendre contre une action injuste, de le forcer encore à introduire toute une nouvelle action. D'après le droit commun, le prévenu qui n'a pas agi en réparation avant le jugement de l'action publique peut s'adresser à la juridiction civile (2). Mais il ne faut pas perdre de vue la restriction que porte l'article 359 du Code d'Instruction criminelle. Lorsque la partie lésée a exercé son action devant l'une ou l'autre des deux juridictions et a échoué, il y a lieu d'appliquer le principe de la chose jugée, qui l'empêche de se pourvoir devant la seconde juridiction.

Mais quand la juridiction répressive s'est déclarée incompétente, en décidant que le fait ne tombe pas sous l'application de la loi pénale, rien n'empêche la partie lésée à se pourvoir devant le juge compétent.

Le désistement de la partie lésée devant l'une ou l'autre juridiction emporte déchéance de l'action devant tout tribunal, en vertu du principe « *electâ unâ viâ excluditur altera.* »

c). — Compétence respective du pouvoir judiciaire et du pouvoir exécutif.

La question de la responsabilité de l'Etat ne formant qu'une application de notre matière, nous ne l'étudierons que dans ses grandes lignes.

(1) Loi du 27 novembre 1891.

(2) Brux., 15 déc. 1865. Cloes et Benjean, 1865-765.

L'Etat, dont il est ici question, comprend uniquement le pouvoir exécutif. Deux des éléments qui forment l'Etat, *lato sensu*, ne peuvent être soumis à la responsabilité de droit commun.

Le pouvoir législatif, pouvoir absolu et souverain, est irresponsable, et le pouvoir exécutif, en tant qu'il participe à ce pouvoir, suit le même sort. Les membres du pouvoir judiciaire, nous l'avons vu, sont soumis à une responsabilité spéciale.

Nous nous trouvons donc en présence du pouvoir exécutif, du gouvernement comprenant le pouvoir central, provincial et communal.

La diversité de juridiction qui existe en France ajoute une complication nouvelle à la question de la responsabilité de l'Etat dans ce pays. Il n'en est pas de même en Belgique. Sous ce rapport, notre organisation judiciaire « marque une différence tranchée entre le droit belge et le droit français, et doit, en conséquence, nous rendre très circonspect lorsque nous consultons les écrits publiés en France sur les questions de compétence. Toutes les contestations qui, dans ce pays, touchent à des intérêts administratifs, sont soustraites à la connaissance des tribunaux et déférées à des corps administratifs. Les règles de la compétence à cet égard forment une branche du droit connue sous la dénomination de contentieux administratif. Mais la constitution belge a rétabli les choses en l'état qui seul répond aux exigences d'une véritable organisation judiciaire; elle déclare les tribunaux seuls juges de toutes les contestations qui ont pour objet des droits civils, et, sauf les exceptions prévues par la loi, des droits politiques, sans distinguer entre elles suivant que des intérêts administratifs y seraient ou non engagés (1). »

En France, en effet, nous trouvons, à côté des juridictions ordinaires, le Conseil d'Etat et le tribunal des conflits, qui sont juges des questions administratives. « La responsabilité que peut encourir l'Etat par le fait d'un agent concourant à l'exécution d'un service public n'est pas régie par les principes du Code civil pour les rapports de particulier à particulier. Les tribunaux ordinaires ne peuvent prononcer que si une loi spéciale leur a donné ce pouvoir (2). »

Cet état de choses, inconnu en Belgique, nous a engagé à laisser de côté la jurisprudence française. Nous nous bornerons à rechercher la solution donnée en Belgique à ces questions : Le pouvoir judiciaire a-t-il compétence pour statuer sur les

(1) Réquisitoire du procureur général Leclercq, *Pas.*, 1853. 1. 31. — Voir M. Vauthier, *Etude sur les personnes morales*, note, p. 323.

(2) Trib. des conflits, 20 déc. 1884. Sirey, 1886. 3. 43. — *Id.*, 10 mai 1890. Sirey, 1892. 3. 105.

actes dommageables de l'Etat? Les règles du Code civil lui sont-elles applicables?

Tandis que beaucoup d'auteurs (1) et la jurisprudence belge (2) font une distinction dans la manière dont l'Etat peut agir, Laurent, au contraire, professe une théorie absolue (3).

L'Etat, dit-il, pouvoir par son essence, ne peut agir que comme pouvoir politique, et c'est parce qu'il l'est que la loi lui reconnaît la capacité de faire certains actes de la vie civile..... Sans cette capacité il ne pourrait pas remplir sa mission de pouvoir politique (4). Et il ajoute : Tout droit lésé donne lieu à réparation, sauf s'il est lésé par un pouvoir irresponsable; or, il n'y a d'irresponsable que le pouvoir législatif (5). Et la réparation due par l'Etat pouvoir se base sur les articles 1382 et suiv. L'article 1384 s'applique à l'Etat comme aux particuliers, du moment que les relations de subordination existent à quelque titre que l'Etat agisse. En conséquence, si un fonctionnaire, agissant en qualité d'agent du gouvernement, lèse un droit, l'Etat, son commettant, en sera responsable (6). Cette théorie absolue, ainsi motivée, est généralement, et à bon droit, rejetée. Elle rencontre plusieurs objections sur lesquelles nous reviendrons au cours de cette matière. D'abord, il est impossible de ne pas faire une distinction entre les actes de l'Etat; ensuite, les principes de la responsabilité délictuelle exigent une faute, que nous ne pouvons trouver dans le chef de la puissance publique agissant régulièrement; enfin, les règles du Code civil concernant spécialement les articles 1382 et suiv., ne visent que les relations de la vie civile, de particulier à particulier.

Bien que nous ne nous occupions pas de la jurisprudence fran-

(1) Thiry, *Cours de droit civil*, t. III, p. 227. — A. Adan, *Cours de dr. civil*, t. II, n° 2371 *bis*.

(2) Voir, entre autres, Cass., 27 mai 1852, *Pas.*, 1852. 1. 370; — 28 déc. 1855, *Pas.*, 1856. 1. 46: *Pas.*, 1878. 1. 287, Cass., 13 juin 1878; — Cass., 20 mars 1885; *Pas.*, 1885. 1. 185; — Turin, Cass., 16 mars 1883, Sirey, 1884. 4. 6; — Cass., 5 janvier 1888, *Pas.*, 1888. 1. 69, etc., etc.

(3) Voir Laurent, *Principes...*, t. XX, n° 426, et Laurent, *Avant-projet...* Commentaire des art. 1124 et 1134.

(4) Laurent, *Avant-projet*, sous 1124, n° 5.

(5) *Id.*, *ibid.*, sous 1124, n° 1.

(6) *Id.*, *ibid.*, sous 1134, n°s 5-6.

çaise, nous ferons remarquer incidemment que Laurent (1) la divise en deux camps sur la question de la responsabilité de l'Etat. Il range, d'une part, la Cour de cassation, assimilant l'Etat au particulier et appliquant toujours l'article 1384 (2); d'autre part, le Conseil d'Etat et le Tribunal des conflits, qui n'appliquent l'article 1384 qu'à l'Etat considéré comme personne privée (3). Remarquons cependant que la Cour de cassation française a fait la même distinction que la jurisprudence belge : « L'Etat, comme les particuliers, peut, selon les cas, être déclaré responsable quand il agit, non comme personne publique, mais comme personne privée (4). »

D'après la jurisprudence belge et la plupart des auteurs, l'action de l'Etat peut se manifester sous un double aspect. Il peut agir en qualité de personne privée, exercer des droits de la vie civile, comme tout particulier, et il peut, d'autre part, exercer la puissance publique, remplir les fonctions administratives qui lui sont dévolues.

Cette distinction nous paraît incontestable. M. le procureur général Leclercq l'a établie en ces termes : « Les procédés et les actes de l'Etat gouvernement ont leur principe dans la mission dont les nations ou sociétés civilisées ont été investies par la nécessité de leur existence et de la fin pour laquelle elles l'ont reçue; elles ont leur but dans cette fin même et dans ce qui en est l'objet, dans les personnes et les choses, les droits et les intérêts qui s'y rattachent; en principe et en but ces procédés et ces actes sont désintéressés quant à l'Etat, gouvernement, qui les pose. D'un autre côté, les procédés et les actes de l'Etat, personne civile, ont leur principe dans la nature même de la propriété par laquelle et pour laquelle toute personne civile est constituée; ils ont leur but dans la plus fructueuse exploitation possible de cette propriété, en principe et en but, ils sont intéressés quant à la personne civile qui les pose (5). »

S'il est vrai d'admettre, comme le dit Laurent, que l'Etat agit toujours dans un but d'intérêt général, il est tout aussi vrai « que le motif politique ou autre qui détermine, de la part de l'Etat, un acte de la vie privée, est sans influence sur la nature propre de cet acte et ne peut changer les effets que la loi y attache (6). »

(1) *Principes*, t. XX, n° 592.

(2) Cass., 1er avril 1845; Sirey, 1845. 1. 363. — Cass., 15 juin 1872; Sirey, 1873. 1. 45. — Cass., 14 août et 30 juillet 1877; Sirey, 1878. 1. 109 et 110.

(3) Cons. d'Etat, 10 mars 1853; Sirey, 1853. 2. 731. — Tr. conflits, 8 fév. 1873; Sir., 1873. 2. 153.

(4) Cass., 16 avril 1883; Sirey, 1885. 1. 187.

(5) *Pandectes belges*, *Encyclopédie*, v° *Compétence respective...*, n° 260.

(6) Cass., 7 mai 1869. *Belgique judiciaire*, 1869-657.

Et quand se trouvera-t-on en présence d'un acte de la vie civile. « Ce qui importe ici, ce n'est pas l'intérêt politique, qui, par la force des choses, est presque toujours impliqué dans les opérations auxquelles l'Etat prend part, c'est uniquement le résultat immédiat qu'il a en vue; ce sont les moyens dont il se sert, les formes qui manifestent son activité. Du moment que ces moyens sont ceux auxquels un particulier pourrait avoir recours; du moment que ces formes se rattachent à l'administration de la propriété ou à la naissance d'un contrat; du moment qu'elles ne se rapportent pas à l'expression d'une défense ou d'un ordre, l'idée de souveraineté est exclue et la capacité juridique de l'Etat peut seule être prise en considération (1). »

Examinons rapidement chacun des deux points de vue sous lesquels peut se manifester l'action de l'Etat.

a) *Etat, personne civile.* — Chaque fois que l'Etat agit comme un simple particulier, dans l'ordre des intérêts civils, aucun doute ne peut se présenter. Les principes délictuels s'appliquent, en effet, comme nous l'avons vu, à l'être moral (2).

En cas de lésion de droit, les règles de la responsabilité civile sont applicables, de même que la compétence des tribunaux ne peut être contestée, le débat portant sur des intérêts civils, et existant entre personnes privées.

A moins d'admettre, dans le cas qui nous occupe, la soumission de l'Etat au droit commun, celle-ci ne saurait être admise en aucune matière. En effet :

« ... Il (l'Etat) devrait, par le même motif, être également affranchi des autres règles du droit civil et il pourrait toujours se soustraire à ses engagements en invoquant son caractère politique. Tous les actes qu'il aurait passés comme propriétaire ou comme administrateur, tous les marchés qu'il aurait conclus pour l'exécution des travaux publics, ou pour les besoins de l'armée, ne l'obligeraient que pour autant qu'il le jugerait convenable (3). »

La question de savoir à quel titre l'Etat agit dans tel cas déterminé, peut présenter des difficultés. Exemples : 1) En matière d'exploitation de chemins de fer, l'arrêt de cassation du 27 mai 1852 (4) a été le point de départ d'une jurisprudence constante, considérant l'Etat, exploitant les chemins de fer, comme personne privée. — 2) La Cour de cassation a aussi parfaitement établi la situation de l'Etat en matière de travaux publics : « Si l'Etat est souverain quand il ordonne des travaux d'utilité pu-

(1) Vauthier, ouvrage cité, p. 324.
(2) Voir ch. Ier du travail.
(3) Réquisitoire de l'avocat général Cloquette, *Pas.*, 1869. 1. 330.
(4) *Pas.*, 1852. 1. 370; *id.* Cass., 4 févr. 1889. *Pas.*, 1889. 1. 110.

blique, il ne l'est plus quand il les exécute; dans cette sphère d'action, il est soumis aux règles de responsabilité commune, il a les devoirs du propriétaire et devient, en cas de faute, justiciable des tribunaux (1). » L'exécution des travaux publics a un caractère si privé que l'Etat la délègue souvent à un entrepreneur. — 3) Une commune chargée de l'entretien de sa voirie agit à titre de personne civile (2). — 4) Le militaire n'est pas considéré comme le préposé de l'Etat (3). Cependant, « si l'Etat emploie les soldats à produire directement des articles de subsistance, d'équipement, au lieu de les demander à l'industrie privée, il est responsable comme personne privée (4). »

Bref, la responsabilité de l'Etat, personne privée, est soumise au droit commun. La jurisprudence est unanime à cet égard.

b) *Etat, pouvoir public.* — L'Etat agit ordinairement à titre de *pouvoir* politique. Cela est conforme à sa nature. Si l'Etat, agissant à ce titre, cause un dommage aux particuliers, est-il responsable ?

Les tribunaux ayant le droit de condamner l'Etat-personne privée, ont incontestablement le droit d'apprécier la nature des actes de l'Etat pour décider s'ils sont administratifs ou non.

L'examen de la question si le pouvoir exécutif a franchi les limites de sa compétence, aboutit nécessairement à l'interprétation de la loi. Or, l'administration est organisée en vue de l'exécution, et non en vue de l'interprétation des lois. L'interprétation est, au contraire, la fonction essentielle du pouvoir judiciaire (5).

« Les tribunaux ont le droit de rechercher si un fait est administratif ou non, ils ont à cet égard un pouvoir d'appréciation en vertu du principe que toute juridiction est juge des éléments dont se compose sa compétence (6). »

Nous nous plaçons dans l'hypothèse d'un acte administratif régulier entraînant des suites dommageables. Si l'acte est irrégulier, constitue un excès de pouvoir, il perd son caractère administratif; l'acte, alors, ne devient pas un acte de l'Etat personne privée, mais il est étranger à l'Etat et ne peut entraîner

(1) Cass., 5 janv. 1888; *Pas.*, 1888. 1. 69, et Cass. belge, 2 nov. 1894. *Belg. jud.* du 25 nov. 1894.

(2) Brux., 27 fév. 1880; *Pas.*, 1881. 2. 340.

(3) Brux., 11 déc. 1877; *Pas.*, 1878. 2. 81.

(4) Liége, 16 juin 1887; *Pas.*, 1887. 2. 81.

(5) Giron, *Droit administratif*, t. 1, p. 228.

(6) *Pandectes belges*, v° *Compétence respective...*, n° 251.

que la responsabilité personnelle du fonctionnaire qui en est l'auteur (1). Il en résulte que les fautes des fonctionnaires restent à la charge de ces derniers.

La question qu'il nous reste à résoudre est donc celle de savoir si l'Etat, *puissance publique*, peut être tenu à réparation en vertu du droit civil. Et nous répondons négativement. « Les actions, dérivant uniquement de l'*imperium*, résisteraient toujours à l'empire des règles du droit privé et n'entraîneraient jamais pour lui (Etat) une responsabilité quelconque... (2). »

Mais alors n'y a-t-il pas contradiction entre ce principe et les décisions constantes de la jurisprudence belge (3), qui professe que toute lésion d'un droit civil acquis, même provenant d'un acte administratif régulier, exige réparation civile ?

Si cette théorie aboutit à déclarer que la *puissance publique*, l'*imperium*, n'est pas à l'abri de la responsabilité, elle nous paraît inacceptable. Telle est cependant l'opinion de Laurent.

Mais comment concevoir une contestation *privée* entre la puissance *politique* et ses subordonnés ? Nous avons vu (chap. Ier) que la lésion de droit, synonyme d'acte illicite, exige impérieusement une faute corrélative : comment le pouvoir, agissant régulièrement, pourrait-il commettre une faute, et une faute civile alors qu'il n'a aucun caractère civil ?

D'autre part, presque tous l'admettent, la matière délictuelle s'applique exclusivement aux relations de la vie privée, aux rapports de particulier à particulier.

L'examen de la jurisprudence belge nous amène à critiquer les motifs, la rédaction de ses arrêts sur la matière, bien que nous admettions sa solution : tout droit acquis lésé mérite réparation.

Ce que nous ne pouvons admettre, c'est la relation que la jurisprudence établit entre la lésion de droit et le caractère *politique* de l'Etat, entre l'acte dommageable et l'acte administratif dont il est la suite. Les termes de cette jurisprudence

(1) Voir Brux., 27 oct. 1866 ; *Pas.*, 1868. 2. 277. — Voir « Fonctionnaires, » ch. Ier, applications.

(2) M. Vauthier, *Etude...*, p. 322. — Voir Gand, 24 juin 1893 ; *Pas.*, 1895. 2. 31.

(3) *B. J.*, 1852-1853, p. 504, note. — Mons, 16 mars 1883 ; *Pas.*, 1883. 3. 101. — Anvers, 17 juillet 1884 ; *Pas.*, 1885. 3. 119. — Brux., 21 mai 1887 ; *Pas.*, 1887. 3. 290. — Cass., 26 déc. 1890 ; *Pas.*, 1891. 1. 31 et réquisitoire. — Appel Brux., 12 avril 1894 ; *Journ. des trib.*, 1894, p. 518.

conduisent souvent à la conclusion de Laurent, qui condamne l'Etat « pouvoir politique. » Exemples : « Les *administrations*, même agissant légalement, ne sont pas affranchies de l'obligation de réparer le préjudice... (1).

» Les dommages-intérêts peuvent également être alloués par les tribunaux quand l'administration agit dans le cercle de ses *attributions et sans faute* de sa part, chaque fois qu'une mesure administrative porte atteinte à des droits privés (2).

» L'Etat, *même agissant comme pouvoir public* et dans l'intérêt général, doit réparer le préjudice qu'il cause en lésant les droits privés (3). »

Cependant, nous admettons avec la jurisprudence que toute lésion de droits civils acquis exige réparation de la part de l'Etat, quand même la lésion serait la suite, la conséquence d'un acte administratif. Mais nous motivons cette opinion de la manière suivante :

Lorsque, dans son action administrative, l'Etat lèse un droit acquis, il se manifeste à la fois sous deux aspects différents, il exerce deux actes différents, un acte de la vie civile et un acte de pouvoir. Ces actes, qui sont en rapport entre eux en ce sens qu'ils se produisent en même temps et se mêlent, restent cependant distincts l'un de l'autre ; car ils exigent l'application de principes de droit tout différents, et ils émanent de personnes différentes : l'un dérivant de la personne privée, l'autre de la puissance publique. En d'autres termes, la lésion d'un droit civil fait apparaître la personnalité privée de l'Etat.

Il faut distinguer avec soin les deux domaines dans lesquels l'Etat se meut : l'acte administratif, effet de la puissance publique, qui échappe complètement aux tribunaux, et la lésion de droits civils qui, en se manifestant, fait apparaître la personnalité civile de l'Etat, et engendre sa responsabilité (4).

Cette dualité de nature est inévitable dans l'Etat : La dualité de nature des pouvoirs publics produit ce résultat qu'ici encore ils agissent au

(1) Voir, note, *Belgique judiciaire*, 1852-1853, p. 504.

(2) *Pandectes belges*, *Compétence respective...*, n° 251.

(3) Anvers, 12 juin 1890; *Pas.*, 1890. 3. 323. Voir aussi Brux., 12 avril 1894; *Journ. des trib.*, 1894, p. 518.

(4) Dans ce cas, c'est l'acte dommageable qui fait surgir la personnalité civile qui se trouve toujours à l'état latent dans l'Etat; dans les hypothèses que nous avons vues plus haut, accidents de chemins de fer, etc., la capacité juridique de l'Etat se manifestait déjà antérieurement; là le fait dommageable était commis à l'occasion d'un acte appartenant lui-même à la vie civile.

même moment en vertu de leur souveraineté et dans les termes de leur capacité juridique (1).

Et notre doctrine n'est-elle pas conforme aux principes du droit civil? Qui dit lésion de droit civil, ne suppose-t-il pas une infraction à un devoir correspondant, civil également, et ce devoir à qui peut-il incomber, si ce n'est à une personne apte à avoir des droits et des obligations civiles, à une personne civile en un mot?

L'Etat, qui réunit deux qualités, la personnalité civile et la puissance politique, manifeste tel ou tel de ces deux aspects selon l'acte qui lui est attribué. Ainsi, l'acte administratif ne peut qu'émaner du pouvoir politique, la lésion de droits civils, même née à l'occasion de l'acte administratif, engendrant une obligation *civile*, ne peut être attribuée qu'à la personne civile.

N'est-ce pas un non-sens de dire que des droits civils peuvent être lésés par la puissance publique? « Si l'Etat, lorsqu'il accomplit certains services d'utilité générale, était nécessairement considéré comme organe de la puissance publique, les torts qu'il causerait peut-être ne pourraient donner lieu à réparation. L'idée même de faute, au sens du droit civil, ne lui serait pas applicable (2). »

En résumé, la question à examiner, dans chaque espèce particulière, est celle-ci : y a-t-il droit civil lésé? Si oui, la responsabilité en découle, parce que la lésion de droit suppose une faute commise par une personne privée. Notre solution est donc toute différente de celle de Laurent : toute lésion de droit doit être réparée (qu'il y ait faute ou non), même par l'Etat agissant à titre de puissance publique.

Voici comment M. Maurice Vauthier s'exprime, dans sa remarquable *Etude sur les personnes morales*, à propos de la question qui nous occupe :

« Mais faut-il nécessairement un texte de loi pour que les pouvoirs publics, dans leurs rapports avec la propriété privée, se trouvent contraints à réparer le préjudice qu'ils causent? Est-il certain qu'en l'absence d'une disposition formelle l'Etat et la commune, forts de leur *imperium*, ne puissent contracter de ce chef aucun engagement? La jurisprudence, invitée à se prononcer sur cette grave question, ne l'a pas pensé; elle a cru que l'esprit du droit moderne, à défaut d'un texte formel, voulait qu'on limitât, en cette matière, l'irresponsabilité de la puissance souveraine; elle a décidé que les pouvoirs publics ne pouvaient s'empêcher, dans certains cas, d'assumer des obligations et de créer, par suite, des droits au profit des particuliers; elle a en quelque sorte fait

(1) M. Vauthier, *op. cit.* p. 324.
(2) M. Vauthier, *op. cit.* p. 327.

jaillir leur *capacité juridique* de la force des choses, de la persistance d'une même situation.

» C'est bien là, nous semble-t-il, le sens qu'il convient d'attribuer aux décisions qui condamnent l'administration à indemniser les riverains du préjudice qui leur est causé par les modifications apportées au tracé des voies publiques. L'administration, puissance publique, est absolument libre de donner aux routes et aux rues la direction qu'il lui plait: elle est libre d'en modifier le niveau à son gré; mais, en laissant construire des maisons le long des voies publiques, elle a souscrit un engagement tacite, elle s'est obligée à réparer le préjudice qu'elle causera éventuellement aux riverains, elle leur a ouvert un recours pécuniaire, un droit sur son patrimoine; elle est devenue personne morale (1). »

La discussion qui précède n'a, je le veux bien, qu'un intérêt purement théorique, puisque nous admettons finalement, avec Laurent et avec la jurisprudence belge, que l'Etat doit réparer *tout* droit civil lésé. Mais la solution a été motivée différemment, et conformément, ce nous semble, aux principes qui dominent la responsabilité civile dans notre droit.

Ajoutons qu'un texte formel nous semble fort désirable, en présence des controverses actuelles, pour déterminer la responsabilité de l'Etat.

Ce texte sauvegarderait *tout droit civil acquis* contre l'Etat comme contre tout autre particulier.

§ 4. — *L'obligation de réparer peut-elle être solidaire?*

Remarquons préalablement que l'obligation de réparer ne forme pas une obligation indivisible. L'indivisibilité de l'obligation tient à la nature même des choses; l'obligation est divisible ou non, selon que son objet a ou non ce caractère (art. 1217, C. civ.). Or, quel est l'objet de l'obligation dont nous nous occupons? C'est le payement de dommages-intérêts, c'est-à-dire une somme d'argent, chose essentiellement divisible.

Ce n'est donc pas le fait, mais bien la réparation qui forme l'objet de l'obligation et lui donne son caractère (2); et partant, c'est une erreur de croire que l'obligation est indivisible, lorsque le fait dommageable l'est.

L'indivisibilité du fait peut être un argument en faveur de

(1) M. Vauthier, *op. cit.*, p. 332-333.

(2) Voir Sourdat, *Traité...*, nos 481-483. — Demolombe, édit. belge, t. XIII, p. 83, n° 294.

la solidarité, elle n'est pas une cause d'indivisibilité pour l'obligation.

Ne confondons pas la solidarité avec l'indivisibilité, et ne concluons pas de l'une à l'autre. Ces deux modalités d'obligations sont indépendantes, différant autant par leur origine que par leurs effets. C'est ce que Sourdat exprime dans la critique qu'il fait de l'arrêt de la Cour de Cassation française du 3 mai 1827 (1) :

« On voit combien cet arrêt est peu juridique dans sa rédaction. D'abord, il confond l'indivisibilité de l'obligation avec la difficulté, ou si l'on veut, l'impossibilité d'apprécier la part que chacun des débiteurs peut avoir dans la dette ou dans les faits qui en sont la cause.

» L'erreur dans laquelle tombe l'arrêt à cet égard vient de ce qu'il a cru devoir placer la raison déterminante de l'indivisibilité dans la cause de l'obligation, tandis qu'elle repose véritablement dans la nature de ce qui en fait l'objet (2).

. . . .

» Mais il tombe dans une confusion plus grande encore, quand il prononce une condamnation solidaire sur le fondement de cette obligation indivisible, qu'il a cru reconnaître dans l'espèce sur laquelle il doit statuer.

» ... Or, c'est là manifestement une erreur. En admettant que la dette fût réellement indivisible... Il fallait déclarer que les débiteurs seraient tenus chacun pour le total indivisiblement, puisque, comme on l'a vu, la solidarité et l'indivisibilité diffèrent essentiellement dans leurs effets (3). »

La question que nous avons à trancher est celle-ci : Plusieurs coauteurs d'un fait dommageable unique peuvent-ils, en certains cas, être tenus chacun pour le tout? Les articles 1382 et suiv. peuvent-ils donner naissance à une obligation solidaire? Un point est hors de doute. Lorsque le fait constitue une infraction à la loi pénale, « tous les individus condamnés pour une même infraction sont tenus solidairement des dommages-intérêts et des restitutions (4). » Ce principe doit s'appliquer aussi bien devant la juridiction civile que devant la juridiction répressive, lorsqu'il est établi que le fait constitue une infraction, les conditions de la loi étant alors réunies. « La condamnation prononcée par le juge répressif contre deux individus comme coauteurs de coups et blessures ayant entraîné la mort, lie le juge civil devant lequel est portée l'action en dommages-

(1) Dalloz, *Périod.*, 1827. 1. 230. Cet arrêt portait : « ... que dans ces circonstances les juges ont pu, sans violer aucune loi, regarder comme indivisible la dette des demandeurs et les condamner en conséquence solidairement. »

(2) Sourdat..., n° 486.

(3) *Ibid.*, n° 487.

(4) Art. 50 droit pénal belge, 55 c. p. français.

intérêts; ils doivent être condamnés solidairement, comme conséquence légale de l'article 50 C. p. (1).

» Cette obligation (solidaire) existe non seulement vis-à-vis de celui qui a éprouvé le dommage, mais aussi vis-à-vis de la personne civilement responsable qui l'a réparé; celle-ci, en effet, en vertu de l'article 1251 C. civ., est subrogée par le payement dans les droits du créancier (2). »

Il est logique de décider que l'individu acquitté de l'action publique, mais condamné à dommages-intérêts avec d'autres individus condamnés pénalement pour le même fait, n'est pas soumis à la réparation solidaire, *basée sur l'article 50;* il ne se trouve pas dans les termes de ce texte.

Mais peut-on admettre la solidarité entre coauteurs d'un délit ou quasi-délit purement civil? Il est universellement admis qu'on ne peut appliquer d'une façon absolue le principe de la solidarité, du moment où il y a plusieurs auteurs d'un même fait (3).

Les auteurs et la jurisprudence qui admettent une condamnation pour le tout entre coauteurs d'un délit civil, ne le font que dans des cas particuliers. Les considérations spéciales qui dictent cette solution sont : l'indivisibilité du fait (4); l'impossibilité de distinguer la part de chaque auteur dans le dommage (5), même s'il s'agit d'un fait qui n'aurait pu être commis par une seule personne (6); enfin le concert frauduleux entre les coauteurs d'un fait illicite (7).

La question peut donc être posée de la manière suivante : Un fait indivisible, commis par plusieurs personnes, peut-il, aux termes du Code Napoléon, engendrer une obligation solidaire, lorsque la part de responsabilité personnelle de chaque auteur ne peut être déterminée?

La plus grande divergence d'opinions règne parmi les auteurs.

Larombière (8) admet une condamnation pour le tout, dans les cas que nous venons de citer, et il y voit une application de

(1) Arlon, 8 nov. 1883. — Cloes et Benjean, 32-1005.

(2) Appel Brux., 8 janv. 1894; *J. d. T.*, 1894, p. 133.

(3) V. Demolombe, édit. belge, t. XIII, p. 76, n° 280.

(4) Sourdat, *Traité*, n° 474, etc.; — rejet, 4 mai 1859, Dalloz, 1859. 1. 314.

(5) Demolombe, édit. B., t. XIII, p. 76; Larombière, art. 1382-83, n° 34, etc., etc. Br., 8 janv. 1863; *Pas.*, p. 59. Cass. fr., 25 oct. 1887; Sirey, 1887. 1. 471.

(6) Cass., B., 11 juill. 1826, cité par Demolombe, t. XIII, p. 79.

(7) Sourdat, Demolombe; — Cass. fr., 29 déc. 1852; Dalloz, 1853. 1. 49. — Voir aussi *Pandectes belges*, v° *Dommages-intérêts*, n° 477.

(8) Larombière, art. 1202, n° 22.

la solidarité parfaite. D'autres auteurs (1), au contraire, ne voient là qu'une espèce de solidarité imparfaite. D'autres encore, parmi lesquels Demolombe (2), pensent qu'il n'y a aucune solidarité dans la condamnation pour le tout, dont nous nous occupons, mais une simple obligation *in solidum* distincte de l'obligation solidaire et qui n'est pas dérogatoire au droit commun. Une dernière partie de la doctrine enfin (3) estime que la condamnation doit toujours être divisée; ni la condamnation solidaire, ni la condamnation *in solidum* n'ont de base suffisante dans notre droit actuel.

L'examen de la jurisprudence, tant française que belge (4), nous montre la condamnation pour le tout admise dans les cas particuliers que nous avons cités plus haut. Il résulte des termes généralement employés que presque toute la jurisprudence fait, du cas que nous examinons, une application de la solidarité. La difficulté à résoudre est donc double. Peut-il y avoir condamnation solidaire dans notre matière? Peut-il au moins y avoir condamnation pour le tout de chaque coauteur d'un même fait dommageable?

A la première de ces deux questions, nous répondons négativement, avec Laurent et Demolombe (5).

L'article 1202 est formel, quand il dit : « Cette règle (stipulation expresse de solidarité) ne cesse que dans le cas où la solidarité a lieu de plein droit, en vertu d'une disposition de la loi. » Or, aucun texte de la matière délictuelle ne fait allusion à la solidarité. Et l'article 1202 concerne si peu les conventions seulement que, dans les obligations légales aussi, le législateur exprime clairement sa volonté, quand il admet la solidarité (art. 395, 396). — On objecte (6) que la partie contractante qui réclame la solidarité sans

(1) Rodière, *Traité de la solidarité et de l'indivisibilité*, n°s 312, 313. *Id.* Marcadé, sous l'art. 1202.

(2) T. XIII, édit. B., p. 76, n°s 279 et suiv.

(3) Laurent, t. XVII, n°s 318 et suiv. *Id.* Arntz, t. III, n° 478.

(4) Cette solution est devenue constante en jurisprudence. Voir notamment en France : Cass., 29 déc. 1852; Dalloz, 1853. 1. 49. — Cass., 14 mars 1882; Sirey, 1884. 1. 238. — Cass., 28 janv. 1885; Sirey, 1885. 1. 480, etc. — En Belgique : Cass., 15 fév. 1886; *Pas.*, p. 76. — Cass., 17 déc. 1888; *Pas.*, 1889, p. 71.

(5) Nous nous sommes borné à citer les opinions sans les développer, cela nous entraînerait trop loin. Voir, d'ailleurs, Demolombe et Laurent (notes page précédente).

(6) Sourdat, *Traité de la resp.*, n° 475.

l'avoir stipulée, a toujours à se reprocher de n'en avoir pas fait une condition du contrat, tandis qu'ici la partie lésée ne peut être en faute de ce chef. Cette considération n'enlève pas à la solidarité son caractère exceptionnel que chacun reconnaît; l'objection fournit donc un argument de plus en faveur du système qui prétend que le législateur eût dû favoriser *formellement* le créancier, en établissant la solidarité que celui-ci ne pouvait s'assurer.

L'article 50 du Code pénal belge fournit aussi un argument en notre faveur (1) ; si le législateur a cru devoir exprimer formellement la solidarité dans ce cas, c'est que, sans ce texte, elle n'existait pas.

Il y a, objecte-t-on, le même motif d'admettre la solidarité en matière civile, que celui qui l'a fait introduire en matière criminelle. Cet argument ne peut qu'établir l'opportunité de la mesure et rendre caractéristique la non-existence d'un texte semblable à l'article du 50 Code pénal, en droit civil.

Et nous le répétons, la solidarité est exceptionnelle.

Les articles 16 et 17, qui se trouvaient à la suite de l'article 1382 dans le projet du Code Napoléon, prouvent-ils que la solidarité était conforme à la pensée des rédacteurs du Code? Remarquons d'abord que cette disposition a été supprimée et, s'il est vrai que cette suppression a eu lieu sur l'unique considération que ce texte constituait un exemple inutile, il n'en est pas moins vrai que, du même coup, disparaissait toute allusion à la solidarité. De plus, l'article 16 ne visait qu'un cas particulier, il n'était que la reproduction d'un texte de Domat (2).

A la seconde question, à savoir : la condamnation pour le tout que la jurisprudence admet ne peut-elle trouver aucune justification dans notre droit, nous répondons affirmativement.

Nous partageons à cet égard, mais dans une certaine mesure seulement, l'avis de Demolombe et des Pandectes belges (3), qui estiment qu'il faut voir ici une obligation *in solidum* toute différente de l'obligation solidaire et résultant de la force même des choses (4).

(1) Thiry, t. III, p. 225, n° 204.

(2) *Les loix civiles*..., 1re partie, liv. II, tit. VIII, sect. 1re.

(3) Demolombe, t. XIII, p. 84, n° 295.

(4) *Id., ibid.*

Voici comment on peut expliquer la condamnation pour le tout, dans certains cas :

Souvent on rencontre, dans les décisions de jurisprudence, le considérant suivant : « Attendu qu'il est impossible de déterminer la part de chacun des coauteurs soit dans la perpétration du fait, soit dans ses conséquences dommageables, *chacun est réputé avoir seul commis...* » Qu'est-ce à dire? Comment qualifier ce déterminant? « C'est », comme l'a dit Laurent, « une espèce de présomption que les tribunaux admettent et que la loi ignore. »

Ce que le juge fait donc, en condamnant chacun pour le tout, c'est admettre une présomption de l'homme; et n'est-il pas parfaitement libre de le faire? Mais cette présomption ne saurait être absolue, si les circonstances de la cause prouvent que les divers coauteurs d'un même fait dommageable y ont pris une part inégale, la faute n'étant plus indéterminée, la condamnation *in solidum* n'aurait plus de raison d'être (1).

Nous concluons : La condamnation *in solidum* nous paraît justifiée dans notre droit lorsque, à raison de l'indivisibilité du fait, de l'impossibilité de déterminer la part de chaque coauteur dans le dommage, on peut supposer que chaque auteur a seul commis tout le dommage.

Quoi qu'il en soit, on a pu voir, par ce qui précède, que le droit actuel, à raison des controverses auxquelles il donne lieu, pourrait être heureusement modifié.

Et l'admission du principe de la solidarité nous paraît désirable. La constance des décisions de la jurisprudence prouve bien que cette solution est conforme à l'équité.

La solidarité entre débiteurs a pour fondement l'intérêt du créancier, soit que les débiteurs se soient donné mandat, soit que la loi les y ait forcés (art. 395, Code civ.). Or, c'est bien ici que la situation du créancier paraît digne de la sollicitude du législateur. L'impossibilité de déterminer la part de chaque auteur dans le dommage étant attribuable à celui-ci, il est juste qu'il en subisse les inconvénients.

En cas de concert frauduleux, la solidarité nous paraît aussi

(1) Laurent, *Principes*, t. XX, n° 542 : Il dit : « solidaire, » au lieu de « *in solidum*, » et « identique » pour « indéterminée. »

suffisamment justifiée par l'intention que chaque coupable a eue d'arriver au résultat total.

Et la condamnation pour le tout nous semble mieux justifiée dans ses motifs, plus à l'abri de la critique et plus juste dans ses effets si elle est basée sur la solidarité, que si on la motive sur la considération à laquelle nous devons avoir recours dans l'état actuel du droit.

De plus, actuellement, la condamnation pour le tout est purement facultative pour le juge ; elle ne peut lui être imposée.

Et peut-on dire que l'admission du principe de la condamnation pour le tout, ainsi que nous le faisons, est inutile, puisque le recours est bien divisé (1) ?

Il a été fort justement répondu à cette objection qu'il n'y a là qu'une contradiction apparente ; en effet, la répartition entre débiteurs se fait d'après la gravité de leurs fautes respectives, sans égard à l'influence de ces fautes sur l'acte dommageable. On en est réduit à cette base de répartition entre débiteurs, faute d'autre base plus satisfaisante. Mais cela ne saurait déterminer la part de faute dans l'acte dommageable (2).

L'obligation solidaire est admise, en matière délictuelle, par la législation étrangère, mais avec une portée différente, notamment par le Code italien (art. 1156), le Code suisse (art. 60), le Code du canton de Zurich (art. 423), le Code portugais (art. 2371, 2372, 2380, 2381, 2396), et enfin par le deuxième projet de Code allemand (art. 764).

Dans quels termes conviendrait-il d'introduire, en cas de revision, la solidarité dans notre matière ?

M. Pirmez, dans son projet de revision, article 7, admet le principe de la solidarité « pour les personnes déclarées responsables d'une même lésion du droit d'autrui, » avec faculté pour le juge d'exempter tel ou tel de la solidarité. Ce principe nous paraît trop général, et le droit du juge d'ailleurs trop étendu. Nous n'admettons pas davantage la théorie de Laurent qui n'admet la solidarité qu'à titre exceptionnel.

Nous nous rallions, au contraire, pleinement à la manière de voir de la commission gouvernementale belge de revision.

(1) Laurent, t. XVII, n° 318.
(2) Cass. fr., 11 juillet 1892 ; Sirey, 1892. 1. 505. Voir note.

Le texte de son article 8 consacre le principe de la solidarité dans les cas où déjà la jurisprudence l'admet. Cet article est ainsi conçu :

« Les personnes déclarées responsables d'un même dommage sont tenues solidairement de le réparer.

» Chacune d'elles peut néanmoins se faire exempter de cette solidarité, en prouvant qu'elle n'a pas agi de concert avec les autres, et en déterminant la part de responsabilité qu'elle a individuellement encourue.

» Celle qui a payé la dette entière a son recours contre les autres, en raison de leur part de responsabilité, si elle est déterminée ; sinon, pour une part virile. »

Cette disposition nous paraît aussi logique qu'équitable.

La « part de responsabilité » dont parle l'alinéa final de la disposition que nous venons de citer, comprendra d'abord la part pour laquelle chacun a contribué au résultat dommageable; mais aussi, lorsque cette détermination est impossible, elle s'entendra d'une portion basée sur la simple gravité comparative des fautes :

« Rien ne s'oppose à ce qu'on leur applique la règle d'équité d'après laquelle la responsabilité se proportionne à la gravité de la faute (1). »

A défaut de cette double base seulement, le juge recourra au payement par portion virile.

Remarquons à ce propos que nous préférerions modifier la rédaction de l'alinéa 3 de l'article que nous venons de citer. En effet, les mots « part de responsabilité » n'ont pas pour nous la même portée dans les deux alinéas.

Dans l'alinéa 2, ces termes signifient la part de dommage *effectif* attribuable à la faute de chacun; dans l'alinéa 3, au contraire, ces mêmes mots signifient pour nous : 1° La part dans le dommage effectif; 2° à défaut de cette première base : une part que l'on évalue d'après le degré de faute, alors que l'on ne sait pas si ce degré de faute est en rapport exact avec la portion de dommage qu'on lui attribue.

(1) Rapport de M. van Biervliet, p. 12.

CHAPITRE III.

DE LA PREUVE.

§ 1er. — *Des différents modes de preuve.*

Le texte des articles 1382 et suivants ne fait aucune allusion aux modes de preuve auxquels la partie lésée peut recourir. Nous en concluons que tous les moyens légaux de preuve sont admis.

Il est d'ailleurs rationnel de décider que la personne lésée, qui n'a pu prévoir le dommage, et à laquelle il a été impossible, en conséquence, de se préparer une preuve spéciale, puisse déterminer la conviction du juge par toutes voies de droit.

La matière de la preuve, traitée dans le titre troisième du Code civil, n'est pas uniquement réservée aux contrats, ainsi que nous l'avons déjà dit au commencement de ce travail; elle s'applique à toutes les obligations. En effet, c'est dans ce titre seul que le législateur a traité de la théorie générale de la preuve en matière civile.

L'article 1348 cite, d'ailleurs, formellement les actes illicites.

Il va sans dire que la preuve littérale formera l'exception dans notre matière; le fait illicite est généralement imprévu, et l'auteur du dommage peu disposé à reconnaître sa responsabilité par écrit.

Aussi, la victime d'un délit ou quasi-délit ne peut-elle être forcée à recourir à pareille preuve (art. 1348 C. civ.). Le cas, cependant, se présente que cette preuve existe et soit invoquée : « Un testament peut être invoqué pendant la vie du testateur, s'il accorde une somme d'argent pour tel dommage, comme reconnaissance de la dette (1). »

(1) Cass. fr., 26 juil. 1864. D. P., 1864. 1. 347.

De même, l'action fondée sur l'inexécution d'une promesse de mariage se basera parfois sur un écrit. Mais, pas plus ici qu'en tout autre cas de notre matière, pareille preuve ne peut être exigée de la victime. L'article 1348 est d'application générale ; il suffit que la conviction du juge soit formée.

La nature même des choses veut que la preuve testimoniale forme la preuve de droit commun en matière délictuelle ; les obligations qui naissent des délits et quasi-délits sont exemptes de l'obligation de passer acte (art. 1348).

Les présomptions jouent un rôle important dans notre matière. Outre que le juge peut toujours recourir aux présomptions de l'homme (1), les rédacteurs du Code ont introduit ici plusieurs cas de présomption légale.

L'aveu (2) et le serment peuvent également être admis, conformément au droit commun.

La preuve que doit fournir la personne lésée par un fait dommageable comprend la démonstration de l'existence des différentes conditions requises pour que la réparation soit due. Cette preuve doit être complète, elle doit établir un rapport de cause à effet entre la faute et le dommage (3).

La question de savoir quand la preuve fournie sera suffisante peut donner lieu à des cas d'application intéressants. Supposons un accident arrivé à une personne, alors que, d'une part, plusieurs individus ont commis une faute, et que, d'autre part, la victime sait que le dommage provient du groupe de ces personnes en faute, mais sans parvenir à déterminer qui a réalisé le dommage, ni si plusieurs y ont contribué. Qu'en résultera-t-il ? Le droit actuel ne peut laisser de doute : si la victime ne peut prouver la relation de cause à effet entre la faute et le dommage, elle ne peut réussir dans son action (4).

C'est ce que la Cour de Liège a décidé, le 10 février 1881 : « Celui qui réclame des dommages-intérêts pour réparer le préjudice que lui a causé un quasi-délit ne peut se borner à prouver que le défendeur a commis

(1) Voy. ce que nous avons dit à propos de la solidarité.

(2) Voy. Req., 15 nov. 1887. Sirey, 1890. 1. 471.

(3) Com. Liège. 2 nov. 1892. *J. d. T.*, 1893, 6. — Com. Seine, 21 février 1894. *J. d. T.*, 1894, 618.

(4) Ce cas diffère de celui où la jurisprudence prononce une condamnation solidaire ; alors, en effet, le juge sait que la victime a été atteinte par chaque faute ; ce qui lui est impossible, c'est de déterminer la part de responsabilité.

une imprudence. Il doit établir que cette imprudence est la cause du dommage dont il demande réparation. »

« Spécialement, il ne suffit pas à la victime d'un accident de chasse d'établir que plusieurs chasseurs ont commis une imprudence en tirant dans sa direction, pour obtenir contre chacun une condamnation. Elle doit prouver, en outre, qu'elle a été atteinte par chacun des tireurs (1). »

Cette décision, rigoureusement juridique dans le droit actuel, nous paraît peu équitable.

Si la victime peut indiquer, d'une façon générale, d'où lui est venue l'atteinte et y ajouter une faute, sa situation nous paraît devoir être avantagée vis-à-vis d'individus qui, peut-être, n'ont pas commis le dommage, mais qui, à coup sûr, ont commis une imprudence capable de causer le préjudice. L'incertitude qui règne sur le point de savoir qui a effectivement participé au préjudice ne peut être attribuée qu'à eux ; à eux donc de la faire cesser; et, dans l'impossibilité d'y arriver, l'équité exige que la victime soit indemnisée ; le doute doit lui être favorable.

En conséquence, en cas de revision, nous admettrions la solidarité dans le cas prévu, plutôt que de priver la victime de toute réparation. Ne peut-on établir une espèce de relation de cause à effet entre le dommage total et le total des fautes? Remarquons, d'ailleurs, que celui qui prétend que sa faute est étrangère au dommage, et qui peut l'établir, sera exempt de toute responsabilité. Il ne s'agit que de rendre favorable à la victime le doute occasionné par le concours de fautes.

§ 2. — *A qui incombe la preuve. — Examen des art. 1384, 1385, 1386.*

Il est de principe que, lorsqu'une personne juridiquement étrangère à une autre personne, élève quelque prétention contre cette dernière, c'est à elle à en établir le fondement. « *Actori incumbit probatio,* » disait l'adage romain.

Cette règle est rationnelle. Les hommes soumis à certaines obligations générales les uns vis-à-vis des autres, par suite des nécessités de la vie sociale, sont censés libres de toute obligation particulière envers tel ou tel de leurs semblables, ou, du

(1) *Pasicrisie*, 1881. 2. 153.

moins, ils sont réputés avoir satisfait à pareils engagements. Donc, celui qui prétend à l'existence actuelle d'une obligation doit en fournir la preuve.

Tel est le principe des articles 1382 et suivants du Code civil ; celui qui prétend obliger un autre à réparation doit prouver le fondement d'une pareille prétention.

Cependant le législateur s'est écarté du principe de droit commun dans certains cas de notre matière, par l'introduction de présomptions légales.

A quels textes faut-il appliquer le droit commun? Dans quels cas, au contraire, y a-t-il dérogation ?

La question peut se diviser en trois parties :

I. *Droit commun.* — Les articles 1382 et 1383 sont soumis au droit commun. Ce point ne fait de doute pour personne. La faute, la négligence ou l'imprudence doit être prouvée par celui qui veut en tirer parti.

II. *Cas douteux.* — Le doute existe quant à la règle à appliquer à l'article 1384, en tant qu'il s'occupe de choses inanimées, et à l'article 1386. Qui doit supporter le fardeau de la preuve dans ces deux cas ?

a). — Article 1384, alinéa 1er.

Cette disposition constitue-t-elle une présomption légale? Laurent estime que l'article 1384 établit une exception au droit commun en ce qui concerne les choses inanimées (1). Il reprend cette théorie, dans son avant-projet, en ces termes : « On est responsable du dommage causé par le fait des choses que l'on a sous sa garde. Il en est ainsi d'une machine à vapeur qui fait explosion. Le propriétaire est présumé en faute, sauf preuve contraire (art. 1137). »

M. Sainctelette a varié sur cette question. Dans sa brochure *De la responsabilité et de la garantie*, il rejette la présomption à charge du propriétaire de choses inanimées, tandis qu'il émet une opinion opposée à l'occasion de la défense d'une cause dans laquelle il y avait lieu à application de cet article (2).

(1) Laurent, ouvr. cité, t. XX, n° 639. Dans le même sens : Cass. fr., 19 juillet 1870. S., 1871. 1. 9. — Br., 31 mai 1871; réformé, *Pas.*, 1872. 2. 176.

(2) *Mémoire pour Mme veuve Desitter*. Bruxelles, Bruylant, 1888. Voy. p. 24 et suiv. — Voy. aussi P. Staes, avocat général, *Des accidents du travail.* Bruxelles, 1889.

Remarquons que nous rejetons la distinction que fait Sainctelette entre la faute *sensu lato* et la faute *sensu stricto*. Cette distinction ne se concilie pas avec les notions que nous avons défendues au commencement de ce travail.

Aussi ne pouvons-nous admettre la conclusion de Sainctelette : « A la rigueur, on peut dire qu'on est en faute même quand, par l'exercice de son droit, on lèse le droit acquis à autrui. »

Nous ne reconnaissons en droit civil qu'une seule faute délictuelle, et celle-ci entraîne toujours l'application des articles 1382 et suivants.

Et M. Sainctelette érige la présomption qu'il croit trouver dans l'article 1384 1° en présomption absolue. Ce qui lui fait renier le principe de notre droit moderne : pas de responsabilité sans faute (1).

M. Sainctelette dit encore, pour justifier sa théorie : « Les choses que l'on a sous sa garde sont, pour employer le langage géométrique, *égalées* aux personnes dont l'on doit répondre (2). »

« Or, quant aux personnes, la *règle* est que le lésé qui prétend à des dommages-intérêts n'a pas à faire la preuve d'une faute... » Nous pensons qu'il y a erreur manifeste dans le fait de dire que, pour les personnes, la présomption est la règle ; au contraire, la présomption ne s'applique qu'aux seules personnes nommément désignées, et non à toute personne qui a le soin d'une autre. D'ailleurs, nous pouvons dire aussi que le législateur *a égalé* les choses inanimées aux « faits » dont parle le même alinéa ; or, l'application du droit commun aux faits n'est pas douteuse.

Cette théorie n'est pas celle de la majorité de la jurisprudence, qui décide, presque invariablement, que la responsabilité encourue du chef de choses inanimées est soumise au droit commun : *actori incumbit probatio* (3). Telle est, pensons-nous, la seule solution possible dans notre droit. Si le législateur avait voulu exprimer une présomption, il l'aurait fait plus clairement, et il aurait, sans doute, réservé la preuve contraire ; en effet, la présomption absolue de faute, qui frappe les commettants, est stricte, elle est de tradition. Et aucune phrase,

(1) P. 31, mémoire cité.

(2) P. 30, mémoire cité.

(3) Brux., 21 nov. 1871. *Pas.*, 1872. 3. 100. — Brux., 3 fév. 1877. *Pas.*, 1877. 2. 291. — Brux., 12 nov. 1885. *Pas.*, 1886. 2. 98. — Gand, 16 mars 1889. *Pas.*, 1889. 2. 361. — Brux., 31 mai 1890. *Pas.*, 1891. 2. 188.

dans les discussions, dans les rapports des rédacteurs, ne trahit ici cette mesure exorbitante, tandis que la situation du commettant est formellement justifiée.

Toute différente est la question de savoir si l'ordre des preuves, en ce qui concerne le dommage causé par les choses inanimées, ne réclame pas une modification. M. Pirmez (1) et la Commission belge de revision du Code civil (2) ont estimé que non. Pour écarter l'objection tirée de l'impossibilité dans laquelle la victime se trouvera souvent de prouver la faute, M. van Biervliet fait valoir qu'on peut toujours invoquer les présomptions résultant des circonstances particulières du fait dommageable. Ce système, dit-il, conduirait logiquement à admettre une présomption dans tous les cas de responsabilité :

« En effet, la corrélation du dommage avec l'auteur direct du fait dommageable est bien plus étroite que la corrélation que l'on établirait entre le gardien d'une chose inanimée et le dommage occasionné par cette chose. »

Mais ne peut-on opposer à ce raisonnement que la corrélation qui existe entre le dommage causé par un animal ou par une personne dont on a à répondre et la personne civilement responsable est aussi moins étroite que celle qui existe entre un dommage et son auteur direct ?

Et pourquoi l'admission de cette présomption entraînerait-elle une présomption dans tous les cas, alors que l'état social actuel ne demande cette mesure que dans le cas particulier dont nous nous occupons ?

En ce qui concerne l'objection « qu'il est logique de donner ici la même solution que celle qui se trouve dans l'article 1385, » M. van Biervliet répond que : « l'animal peut nuire spontanément ; il faut donc le mettre dans l'impossibilité de nuire. On ne peut laisser agir librement cette cause, sous peine de porter soi-même la responsabilité des effets. »

« Les choses inanimées, au contraire, ne peuvent causer de mal par elles-mêmes (3). »

Mais ne pourrions-nous pas nous-même invoquer ce raisonnement en faveur de notre système ? Tandis que, dans l'article 1385, le propriétaire doit se borner à ne pas laisser agir l'animal pour éviter le préjudice, dans l'article 1384, au con-

(1) Pirmez, *Projet de revision*, p. 42, art. IV. Il soumet les choses au principe général qu'il préconise.

(2) Rapport van Biervliet, p. 8, n° 34.

(3) Rapport van Biervliet, p. 9, n° 34.

traire, pour qu'il y ait dommage, il faut *faire* agir. Donc, on ne peut faire agir cette cause de dommages éventuels que sous peine d'en porter la responsabilité.

Bref, nous sommes partisan de la présomption pour le cas de dommage causé par une chose inanimée.

Les raisons d'équité et d'humanité, mises en lumière par Laurent et Sainctelette, nous paraissent convaincantes. Nous reconnaissons, en effet, qu'il s'agit surtout ici d'une question d'opportunité; mais ne peut-on dire la même chose, en dernière analyse, de toute présomption (1)?

N'est-il pas juste que celui qui profite de la chose ait aussi à supporter les inconvénients corrélatifs? La complication, les dangers que présentent nos rouages industriels modernes ne permettent-ils pas de favoriser la victime vis-à-vis du propriétaire de pareils engins?

De plus, cette théorie consacre implicitement l'action *de effusis et dejectis*, dont l'utilité, reconnue à Rome, nous paraît toujours subsister.

En pratique, la rigueur du droit actuel peut aboutir à des décisions d'une cruauté incontestable.

Quant à la mesure dans laquelle il serait opportun d'admettre la présomption dont nous parlons, nous nous éloignons de la rigueur préconisée par Sainctelette. Nous ne voulons pas perdre de vue le principe « pas de responsabilité sans faute; » aussi admettons-nous le droit de subministrer la preuve contraire (2).

Ce droit est d'ailleurs consacré par la législation portugaise, dont l'article 1394 porte : « Tout propriétaire dont les animaux ou les choses causent un préjudice à autrui est tenu de réparer le dommage ainsi causé, à moins qu'il ne prouve qu'il n'y a eu, de sa part, ni faute, ni négligence. »

b). — Article 1386.

A qui incombe le fardeau de la preuve en cas de ruine d'un bâtiment?

MM. Laurent et Sainctelette (3) considèrent la disposition de

(1) Voir plus loin : « Exceptions au principe *actori*... »
(2) Voir avant-projet Laurent, art. 1137.
(3) Laurent, t. XX, n° 639. Sainctelette, *Mémoire pour Mme Desitter*, p. 31.

l'article 1386 comme constituant une dérogation à la présomption de l'article 1384, alinéa 1er. En effet, dans leur système, l'article 1384, *in principio*, n'exige aucune preuve de la part de la victime, tandis qu'ici le demandeur doit établir le vice de construction ou le défaut d'entretien.

Sourdat et Dalloz (1) ne voient dans l'article 1386 qu'un simple exemple ajouté au principe de l'article 1384.

A notre avis, l'article 1386 a certainement un caractère exceptionnel. En effet, le propriétaire seul est rendu responsable, à l'exclusion de tout autre qui pourrait cependant avoir eu des obligations à remplir (2). Il n'y a donc pas ici une application rigoureuse du principe de la faute; du moment que son existence est certaine, elle est présumée émaner du propriétaire. Or, le défaut d'entretien peut souvent être imputable à la faute d'un autre que du propriétaire, par exemple à celle du locataire, de l'usufruitier.

Bref, le caractère particulier de l'article 1386 consiste en ce que la victime échappe à la démonstration du rapport de cause à effet entre la faute (vice de construction, défaut d'entretien) et la personne du propriétaire.

Si les rédacteurs avaient voulu suivre le droit commun, si leur intention n'avait pas été de frapper exclusivement le propriétaire, ils auraient sans doute adopté la proposition de Regnault (3). Celui-ci voulait remplacer les termes actuels de l'article 1386 par les mots « par sa faute. » Alors, sans doute, l'article 1386 aurait été une application du droit commun. La rédaction actuelle, au contraire, ne faisant aucune allusion aux personnes qui ont la garde d'un bâtiment sans en être le propriétaire, ne permet pas d'exonérer celui-ci vis-à-vis de la victime. Il va sans dire, cependant, que son recours contre la personne effectivement en faute sera valable.

Ainsi entendue, nous considérons, avec Demolombe (4), la présomption de l'article 1386 comme absolue, « *juris et de jure.* » Nous pensons que l'intention du législateur a été de faire remonter *nécessairement* au propriétaire le défaut d'en-

(1) Sourdat, 2e partie, liv. 2, n° 1169. Dalloz, *Répert.*, v° *Respons.*, n° 749.
(2) Brux., 24 déc. 1889. *Pas.*, 1890. 2. 115.
(3) Fenet, t. XIII, p. 455.
(4) Demolombe, t. XV, p. 212, n° 656.

tretien et le vice de construction; de considérer que, lorsque les conditions de 1386 sont réunies, rien ne pourrait arrêter la responsabilité du seul propriétaire.

Aussi importe-t-il peu que le propriétaire n'ait pas connu le vice, le danger, qu'il ne soit pas en faute en réalité (1). Sa responsabilité n'en subsistera pas moins aux termes de l'article 1386.

Mais ne peut-on pas dire alors que c'est la seule qualité de propriétaire qui entraîne la réparation du dommage causé par la ruine d'un bâtiment, comme cela avait lieu en droit romain? Telle n'a pas été l'intention du législateur; il a voulu se baser sur la faute (que l'article 1386 exige d'ailleurs); mais cette faute est présumée nécessairement provenir du fait du propriétaire (2). La seule existence du dommage ne suffit donc pas. Nous reconnaissons, toutefois, que cette disposition se rapproche de celle du droit romain.

Il résulte du caractère exceptionnel que nous attribuons à l'article 1386, qu'il doit s'appliquer restrictivement aux cas prévus (3).

La plupart des législations étrangères contiennent un article analogue à notre article 1386. Il en est ainsi du Code des Pays-Bas, article 1405; du Code italien, article 1155; du Code fédéral suisse, article 67; du Code espagnol, article 1907, et du deuxième projet allemand, article 759 (4). L'article 2395 du Code portugais exige formellement qu'il y ait faute *imputable* au propriétaire : « Si un bâtiment qui menaçait ruine vient à tomber et cause préjudice à quelqu'un, le propriétaire de ce bâtiment est responsable du dommage, s'il est prouvé qu'il y a eu négligence *de sa part*, qu'il a tardé à le réparer, ou qu'il n'a pas pris les précautions nécessaires pour empêcher qu'il ne tombe. »

La disposition de l'article 1386 doit-elle être maintenue dans notre droit? Tandis que M. Pirmez a supprimé la disposition de l'article 1386 dans son projet (5), Laurent (6) et la commission belge de revision l'ont maintenue (7).

(1) 19 avril 1887. Sirey, 1887. 1. 217.
(2) Voy. note Sirey, 1871. 1. 9.
(3) Voy. note Sirey, 1887. 1. 217.
(4) Ce dernier texte réserve formellement la preuve contraire.
(5) Page 43, sous l'art. IV.
(6) Avant-projet, art. 1138.
(7) Art. 6 du projet.

Nous ne pouvons admettre cette obligation incombant au propriétaire uniquement; l'érection en présomption de la responsabilité que l'on peut encourir du chef des choses inanimées suffit amplement. Il n'est pas juste, pour le surplus, de faire retomber exclusivement sur le propriétaire tous les cas de responsabilité; celui-ci doit pouvoir s'exonérer si un autre est en faute. Du moment qu'aucune faute ne lui est imputable, il devient étranger au dommage.

La considération qui a entraîné la solution de la commission belge de revision, à savoir : « Que le propriétaire, pour dégager sa responsabilité, pourrait mettre l'entretien du bâtiment à charge d'un insolvable (1), » ne nous paraît pas suffisante. En effet, d'abord, il n'est pas de l'intérêt du propriétaire de laisser ses bâtiments se détériorer, ensuite, il sera toujours permis d'établir la fraude du propriétaire et de le constituer en faute de ce chef. Aussi croyons-nous préférable de maintenir entier le principe « pas de responsabilité sans faute. »

Nous avons déjà dit que le droit romain connaissait une présomption spéciale, l'*actio « de effusis et dejectis,* » en vertu de laquelle l'habitant d'une maison était tenu, sauf son recours contre l'auteur du préjudice, de répondre de tout ce qui était jeté ou tombait de son bâtiment.

Cette disposition, que nous retrouvons dans Domat (2), avait fait l'objet d'un texte spécial dans le projet du Code Napoléon; mais il fut supprimé sur la proposition du citoyen Miot, qui estimait l'énoncé du principe suffisant (3). Cette considération nous paraît fausse, car les rédacteurs ont ainsi rejeté une disposition toute particulière qui était loin d'être une application de l'article 1382.

Et cette présomption, enfermée dans certaines limites, nous paraît équitable; ne pas l'admettre c'est rendre fréquemment la réparation illusoire dans le cas qui s'y trouve prévu.

Nous admettrions donc ici une présomption *juris tantum*, cessant du moment où la preuve de la non-culpabilité serait apportée; présomption considérant, jusqu'à preuve du con-

(1) Rapport de M. van Biervliet, p. 9, n° 35.
(2) Domat, 1re partie, liv. II, tit. VIII, sect. I.
(3) Fenet, t. XIII, p. 455.

traire, l'habitant comme étant le propriétaire ou le gardien des choses jetées ou tombées de son bâtiment.

Une dernière question, à laquelle nous avons fait allusion au commencement de ce travail, se présente ici : Le locataire et l'usufruitier peuvent-ils recourir à l'article 1386, ou bien la responsabilité qu'ils peuvent invoquer, en cas de dommage subi par la ruine du bâtiment qu'ils occupent, est-elle purement contractuelle?

Parmi les auteurs, Larombière (1) et Laurent (2) ont suivi l'avis de Pothier; ils estiment qu'il faut recourir aux règles du contrat et à elles seules.

Le tribunal de Bruxelles a jugé en sens contraire, le 15 décembre 1876, conformément à l'avis de Sourdat (3) :

« Attendu qu'en vain on soutient que ces deux articles (1385-1386), se trouvant compris sous le titre « des engagements qui se forment sans convention, » ne sauraient être invoqués dans le cas où il existe une convention, comme dans l'espèce;

» Attendu que les termes généraux de l'article 1386 ne permettent pas de faire cette distinction; que le législateur veut que le dommage soit réparé par le propriétaire, quelles que soient les personnes qui en ont souffert, que, par suite, les locataires et sous-locataires habitant la maison écroulée, ont droit... (4). »

A notre avis aussi, la simple existence d'une convention n'est pas un obstacle à l'application de l'article 1386. En effet, il n'y a lieu à l'application unique des règles conventionnelles que dans le cas de lésion d'un droit purement contractuel. Or, ce n'est pas le cas; l'obligation du propriétaire, édictée par la loi (art. 1386), est supérieure et plus étendue que celles qui peuvent résulter du contrat; elle ne disparaît pas nécessairement lorsqu'un contrat vient s'y ajouter. Le propriétaire contrevient au texte légal, et lèse par conséquent un droit légal, aussi bien vis-à-vis du locataire que vis-à-vis d'un tiers. Donc la faute délictuelle subsiste, dans le chef du propriétaire, à côté de la faute contractuelle. La victime aura un choix à exercer : comme contractante, elle pourra se réclamer de l'inexécution de la con-

(1) T. III, p. 467.

(2) T. XX, p. 644.

(3) *Traité de la responsabilité*, n° 1176. Voyez aussi Dalloz, *Répert.*, v° *Respons.*, n° 755.

(4) *Pas.*, 1877. 3. 220.

vention; comme victime de la ruine d'un bâtiment, elle pourra, comme le premier venu, invoquer l'article 1386.

N'oublions pas, cependant, que le contrat peut engendrer des situations spéciales et déroger ainsi à l'article 1386. Sourdat le dit : « Il est bien entendu que la responsabilité directe du propriétaire vis-à-vis des tiers a lieu sans préjudice de l'effet des contrats particuliers... (1). » Mais, à priori, le contrat n'est pas un obstacle à l'application du principe plus étendu de l'article 1386.

III. *Exceptions au principe « actori incumbit probatio. »* — Dans certains cas, le législateur a dérogé lui-même au principe en vertu duquel la preuve incombe au demandeur. Ces cas, dont nous avons encore à nous occuper, sont compris dans les alinéas 2, 3, 4 de l'article 1384 et dans l'article 1385.

Remarquons que, dans toutes ces hypothèses, une faute est présumée dans le chef de la personne civilement responsable. Ce n'est donc pas dans la seule qualité de père, commettant, etc., que réside la responsabilité. Ajoutons, toutefois, que, dans certains cas, l'influence de cette faute est bien minime. Et nous pouvons dire, en dernière analyse, que toutes ces présomptions ont leur justification dans l'équité, l'opportunité (2). On peut, en effet, soutenir, à propos de toutes ces présomptions, que la corrélation entre le dommage et la faute du gardien rendu responsable est moins étroite, ou, à coup sûr, n'est pas plus intime que celle qui existe entre le dommage et l'auteur direct de celui-ci. Est-il plus strictement juridique de supposer, quand un dommage arrive, qu'on a mal surveillé son prochain, que de supposer qu'on s'est mal surveillé soi-même? Et, en se basant rigoureusement sur l'idée de faute, ne serait-il pas logique d'obliger la victime d'agir personnellement contre le préposé? Sa faute est plus en rapport avec le dommage que celle de la personne civilement responsable.

Bref, si la faute a été supposée dans certains cas et pas dans d'autres, c'est en partie parce que des raisons d'intérêt général l'exigeaient. Et à cet égard la présomption concernant les choses inanimées nous paraît pleinement justifiée.

Les travaux préparatoires du Code civil ne font-ils pas res-

(1) *Op. cit.*, 2e partie, liv. II, n° 1177 *in fine*.

(2) En ce sens, les commentateurs du Code hollandais : Diephuis, Thorbecke.

sortir la raison d'opportunité, en disant que la présomption qui frappe les commettants existe « pour les rendre attentifs à ne se servir que de bons domestiques ? »

Mais, nous le répétons, nous n'écartons pas l'idée de faute, qui, selon nous, doit se retrouver dans toute présomption.

La présomption légale peut exister à deux degrés, elle peut admettre ou non la preuve contraire.

L'énumération de l'article 1384 a un caractère strictement limitatif; c'est une conséquence naturelle du caractère exceptionnel de toute présomption légale. Ce point ne peut se concilier avec la théorie de Laurent et de Sainctelette, qui érigent l'alinéa 1er de l'article 1384 en présomption. M. Opzoomer (1) estime que l'alinéa 1er de l'article 1384 pose un principe auquel les alinéas suivants font exception. Cela est parfaitement vrai en ce sens que le premier alinéa consacre le principe de droit commun, en matière de preuve, tandis que les autres créent une présomption. Comme nous l'avons dit, nous traiterons ici de toute la matière des articles 1384 et 1385. Nous diviserons cette matière en deux parties : présomptions *juris tantum*, présomptions *juris et de jure*.

A. — *Présomptions « juris tantum. »*

a) Aux termes de l'alinéa deuxième de l'article 1384 : « Le père, et la mère après le décès du mari, sont responsables du dommage causé par leurs enfants mineurs habitant avec eux. »

Plusieurs questions se posent ici :

1. Sur qui retombe cette présomption de responsabilité ? Celle-ci doit incomber logiquement à tous ceux qui, aux yeux de la loi, sont considérés comme père et mère. Il faut donc comprendre dans cette expression les parents naturels (2) ainsi que les parents adoptifs. Ils exercent en effet des droits de puissance sur leurs enfants.

La présomption de faute s'étend-elle également aux tuteurs? Bien des auteurs, parmi lesquels nous pouvons citer Dalloz (3),

(1) *Burgerlyk Wetboek*, t. VI, p. 325, art. 1403.

(2) Laurent, t. XX, n° 554. — Id., A.-H. Adam, *Cours de droit civil*, p. 233. — Larombière, art. 1384, n° 3.

(3) Dalloz, *Répertoire*, v° *Resp.*, n° 591.

Sourdat (1), Aubry et Rau (2), Marcadé (3), Larombière (4) et Duranton (5), admettent la présomption de responsabilité contre le tuteur, au même titre que celle des parents de l'enfant; en effet, disent-ils, il y a identité de motifs dans les deux cas.

Pothier disait : « Les père, mère, tuteurs, précepteurs sont tenus de l'obligation de réparer, lorsque le fait est commis en leur présence et, en général, lorsque, pouvant l'empêcher, ils ne l'ont pas fait (6). »

Demolombe (7) et M. van Biervliet (8) rejettent, au contraire, l'extension de l'article 1384 aux tuteurs.

Cette dernière solution est seule juridique dans notre droit. Les motifs donnés par M. van Biervliet (9) sont parfaitement suffisants pour refuser, à raison de l'absence de texte, l'assimilation du tuteur aux parents. Il fait valoir l'obligation d'accepter, dans laquelle se trouve le tuteur; le fait que l'enfant peut être déjà vicié au moment où le tuteur a à s'en occuper; l'autorité, toujours moindre que celle des parents, dont le tuteur parviendra à jouir; ce sont là, entre les parents et le tuteur, autant de différences qui s'opposent à la nécessité de l'identification de celui-ci avec les père et mère.

Mais, avant tout, pareille extension est directement contraire au caractère exceptionnel de toute présomption.

S'il est vrai que Pothier plaçait tuteurs et parents sur la même ligne, le silence du Code n'est-il pas encore un argument en notre faveur? Duranton et Larombière expliquent ce silence en disant que les articles 450, 468 du Code civil rendaient toute nouvelle disposition, au sujet de la responsabilité du tuteur, inutile. Mais d'abord ces articles n'accordent pas une bien grande autorité sur la personne du pupille, et ne permettent de conclure à aucune responsabilité présumée contre le tuteur; ensuite, il faudrait déduire de ce raisonnement que la disposition de l'article 1384 est également inutile à l'égard des pa-

(1) *Op. cit.*, n° 843.
(2) *Cours de droit civil*, t. IV, p. 758.
(3) T. V, art. 1384, p. 269.
(4) Art. 1384, n° 6.
(5) *Droit civil*, t. VII, n° 719, p. 510.
(6) *Traité des obligations*, 1re partie, ch. Ier, sect. II, § 2.
(7) Demolombe, édit. belge, t. XV, n° 588. Id., Demante, continué par Colmet, t. V, p. 683.
(8) *Rapport sur le projet de rev. du C. civ.*, p. 7, n° 28.
(9) *Ibid.*, p. 7, n° 28.

rents, car, dans le titre de la puissance paternelle, le Code s'occupe de l'autorité sur la personne du mineur plus que dans le titre de la tutelle.

Toute différente est la question de savoir s'il ne serait pas opportun d'assimiler le tuteur aux parents dans un texte revisé. Nous y reviendrons bientôt.

Le texte du Code Napoléon, relatif à la responsabilité des parents, nous révèle une double erreur : le mot « mari » est inexact, il ne permettrait pas de comprendre les parents d'enfants naturels reconnus, ni les parents adoptifs, qui sont cependant des « parents » au sens légal, et qui exercent la puissance paternelle.

D'autre part, les termes « après le décès » sont trop étroits, le législateur a entendu dire « à défaut. » En effet, la responsabilité des parents se base sur l'exercice effectif de la puissance paternelle. Aussi nous paraît-il conforme à l'ordre naturel des choses de faire retomber la responsabilité du dommage commis par les enfants en bas-âge sur la mère et non sur le père, c'est elle, en effet, qui a la surveillance réelle de ces enfants. De plus, chaque fois que le père ne peut exercer l'autorité paternelle ou qu'il la délègue à sa femme, celle-ci sera responsable ; ainsi lorsque le père est interdit, dément, en prison ; ainsi encore lorsqu'il entreprend un voyage d'une certaine durée (1). Mais l'excuse du père, tirée de la simple non-présence, est insuffisante.

2. De qui les parents sont-ils responsables ? De leurs enfants *mineurs habitant avec eux.*

Il faut que l'enfant soit mineur aux termes du Code civil qui fixe la majorité à l'âge de vingt et un ans. Mais entre la majorité et la minorité, l'enfant peut se trouver dans une situation intermédiaire : l'émancipation. Que faut-il décider dans ce cas ? L'émancipation peut provenir d'une double source : elle peut être expresse ou résulter du mariage du mineur.

Un premier point est hors de discussion. Il est universellement admis que l'émancipé par mariage ne peut plus être considéré comme un mineur aux termes de l'article 1384.

En ce qui concerne l'émancipation expresse, au contraire,

(1) En ce sens, Nimes, 20 mai 1858. Sirey, 1858. 2. 430.

règne la plus grande diversité d'opinions. Tandis que Thiry (1), Dalloz (2), Demolombe (3), Aubry et Rau (4), Larombière (5) et Marcadé (6) assimilent l'enfant expressément émancipé au mineur, M. van Biervliet et Laurent (7) n'admettent aucune distinction entre les deux espèces d'émancipation.

Bien que nos préférences aillent au premier système, la logique des textes nous paraît devoir entraîner la seconde solution. En effet, l'article 1384 parle de « mineurs, » et l'émancipé, quel qu'il soit, n'a plus cette qualité ; de plus, l'article 1384 est, à nos yeux, une conséquence de la puissance paternelle, et l'article 372 du Code civil dit, en termes exprès, que *toute* émancipation fait cesser cette puissance.

Mais la solution opposée nous paraît plus équitable ; aussi préférerions-nous la voir triompher dans l'hypothèse d'une revision. Bien qu'elle ne se base plus sur la puissance paternelle légale, attendu que toute émancipation fait cesser celle-ci, elle ne nous paraît pas moins solidement fondée. En effet, l'ascendant moral des parents, leur devoir de surveillance, ne peut tomber ainsi du jour au lendemain à l'égard d'un enfant non-majeur qui continue à habiter avec eux.

Et ne l'oublions pas, il ne dépendrait que des parents de se soustraire ainsi à une responsabilité gênante ; faculté qu'ils pourraient exercer précisément à l'égard d'enfants vicieux ; alors que la surveillance, loin de cesser, devrait plutôt redoubler.

D'ailleurs, le mineur émancipé est loin d'être un majeur aux yeux de la loi.

En résumé, nous voudrions étendre la responsabilité des parents à l'égard des enfants habitant avec eux jusqu'à la majorité de ceux-ci, à l'exception du cas d'émancipation par mariage ; car la situation de l'individu marié nous paraît exlusive d'une dépendance sérieuse vis-à-vis des parents.

La présomption de l'article 1384 ne peut être admise à l'égard

(1) *Cours de droit civil*, t. III, p. 226, n° 206.
(2) *Répertoire*, v° *Respons.*, n° 563.
(3) T. XX, n° 578.
(4) *Cours de droit civil*, t. III, p. 549.
(5) Art. 1384, n° 4.
(6) T. V, p. 268.
(7) Laurent, t. XX, n° 558. — Rapport de M. van Biervliet, p. 7, n° 27.

du dément majeur, l'autorité paternelle ayant un terme fixe et invariable. Certes, on peut admettre un devoir de surveillance très réel de la part de certaines personnes vis-à-vis d'insconcients, mais notre droit veut que l'inexécution de ce devoir, la faute, en un mot, soit dans ce cas prouvée par la victime, conformément au droit commun. Nous verrons de suite la réforme législative que nous souhaiterions à ce sujet.

Il ne suffit pas que l'enfant soit mineur, il faut encore qu'il habite avec ses parents. Comment, sans cette condition, l'autorité effective des parents pourrait-elle s'exercer? Et la cohabitation ne cesse, aux yeux de la loi, que dans les cas où l'enfant a un établissement régulier et légitime ailleurs que chez ses parents (1). Aussi, si les parents n'apportent pas la justification de cette situation, invoqueront-ils, en vain, pour se décharger de leur responsabilité, le fait que leur enfant n'est plus avec eux. Le délaissement et le vagabondage des enfants, à moins de cas de force majeure, ne peut qu'aggraver la faute des parents.

3. Quelle portée convient-il d'attribuer à la présomption de responsabilité qui atteint les parents?

Cette responsabilité, sous l'empire du Code Napoléon, se base sur ce que les père et mère sont présumés avoir manqué aux devoirs que leur impose l'autorité paternelle. C'est une responsabilité générale et de tous les instants, mais dont ils peuvent cependant se décharger pour un temps déterminé. En effet, chaque fois que les parents placent l'enfant sous l'autorité plus spéciale d'une personne dont la loi reconnaît la responsabilité le cas échéant, tels les maîtres, instituteurs et artisans, cette nouvelle responsabilité prend la place de celle des parents, car en agissant ainsi les parents ont délégué leur autorité à ces personnes, et ont manifesté l'intention de se mettre, pour un temps, à l'abri de la responsabilité.

La présomption de responsabilité à charge des parents cède devant la preuve contraire. L'alinéa final de l'article 1384 le dit en termes formels.

A quelles preuves les parents pourront-ils donc recourir? Ils peuvent établir l'absence de faute en leur chef, prou-

(1) Charleroi, 11 nov. 1885. *Pas.*, 1886. 3. 97.

ver « qu'ils n'ont pu empêcher le fait. » A cet égard, nous pensons que si, d'une part, on ne peut exiger la preuve d'une impossibilité absolue, d'autre part, il ne suffit pas, pour exonérer les parents, qu'ils aient rencontré une simple difficulté d'empêcher le dommage. Nous sommes ici en présence d'une question de fait. Ainsi les parents ne peuvent se justifier par la preuve de leur non-présence au moment du dommage; cette circonstance, à elle seule, souvent ne fera qu'augmenter leur faute. Tel est le cas pour les parents qui laissent vagabonder leurs enfants, surtout ceux qui sont encore en bas âge. En ce sens, nous approuvons la décision suivante : « Le père est civilement responsable du dommage causé, par cela seul que le dommage a été commis sur la voie publique, loin de la maison paternelle, et qu'il s'est mis dans l'impossibilité d'empêcher le fait en n'exerçant pas sur l'enfant la surveillance que réclamait son jeune âge... Il offrirait en vain de prouver qu'il n'était pas présent (1). »

Cependant, d'autre part, il n'est pas possible d'exiger de la part de parents, ouvriers eux-mêmes, qu'ils conduisent ou fassent conduire leurs enfants soit à l'école, soit à l'atelier; leur non-présence ne peut être considérée comme une faute, et si le dommage causé par l'enfant ne se rattache à aucune faute antérieure des parents, telle que la mauvaise éducation, nous pensons que l'absence des parents établira suffisamment l'impossibilité où ils se trouvaient d'empêcher le fait.

L'arrêt de la cour de Gand du 8 mars 1886 (2), que nous venons de citer, porte encore que la preuve, de la part du père, « qu'il avait donné la meilleure éducation et que l'enfant n'avait jamais commis aucun acte répréhensible, » ne suffit pas pour l'exonérer. Cette décision, juste en certaines espèces, ne peut être érigée en règle. La preuve, dont nous venons de parler, est suffisante, s'il n'y a pas de faute actuelle des parents et s'il est prouvé, en outre, que l'enfant a profité de l'éducation qu'il a reçue, qu'il était habituellement doux et docile. Et, *en tout cas*, la preuve de soins très attentifs de la part du père, tels qu'on ne pourrait raisonnablement exiger plus, sera satisfaisante. Si le père a fait tout ce qui peut être juridiquement exigé et que l'enfant n'en a pas profité et cause un dommage, il y aura là un cas de force majeure.

(1) Gand, 8 mars 1886. *Pas.*, 1886. 2. 378.
(2) *Pas.*, 1886. 2. 378.

Les parents ne peuvent-ils exciper également de l'absence de faute dans le chef de leur enfant?

Il est certain que la victime du dommage doit prouver que le préjudice dont elle se plaint provient de l'enfant dont elle veut rendre les parents responsables. Cette preuve faite, les parents peuvent-ils se retrancher derrière l'absence de faute chez l'enfant? Distinguons :

Les parents ne peuvent se prévaloir de ce que le fait n'est pas *imputable* à l'enfant. C'est à bon droit que Sourdat dit que le père répond du mineur impubère et sans discernement. C'est précisément à cause de l'incapacité de l'enfant que les parents ont une mission protectrice à remplir et, plus l'enfant est jeune, plus la surveillance doit être étroite.

Au contraire, les parents peuvent parfaitement se prévaloir de ce que le fait reproché n'est pas *illicite*, mais constitue l'usage d'un droit. Ce qui peut d'ailleurs fréquemment se présenter lorsque l'enfant a son plein discernement, et est « *injuriae capax.* » Alors le dommage résulte d'un acte licite, devant lequel toute faute, aussi bien celle des parents que celle de l'enfant, doit disparaître. En ce sens, il est juste de dire que les présomptions de l'article 1384 exigent une faute initiale dans le chef de l'auteur de l'acte.

Nous avons dit que les parents peuvent se soustraire à la responsabilité de l'article 1384 pour un temps déterminé, lorsque les enfants sont soumis en même temps à l'autorité d'autres personnes dont la loi reconnaît la responsabilité civile. Dans ce cas, seules ces dernières personnes sont responsables; car les parents, en invoquant cette responsabilité, mettent en avant une raison suffisante pour faire tomber la présomption qui existe contre eux; ils sont déchargés. Il est naturel que la surveillance plus spéciale du commettant, de l'instituteur, destinée à remplacer celle des parents, absorbe celle-ci.

La responsabilité qui frappe actuellement les parents des enfants mineurs pourrait équitablement être étendue dans un texte nouveau.

Tout d'abord, en ce qui concerne les tuteurs, nous pensons que si les objections de M. van Biervliet, relativement à l'érection en présomption de cette responsabilité, empêchent l'assimilation actuelle du tuteur aux parents, ces raisons ne doivent cependant pas nous empêcher de mettre, pour l'avenir, les tuteurs sur le même pied que les père et mère.

La position du tuteur, alors qu'il a en réalité la garde de l'enfant, qu'il exerce l'autorité des parents aux yeux du législateur, suffit pour entraîner les obligations légales que les parents auraient encourues. Si le législateur a cru pouvoir imposer le fardeau de la tutelle à certaines personnes, nous ne voyons rien d'exorbitant à ce que ce fardeau leur incombe avec toutes ses conséquences et notamment avec la responsabilité qui aurait incombé aux parents.

Cette solution fait d'ailleurs partie d'un système plus général et de beaucoup plus étendu, que nous préconisons pour la responsabilité civile du fait d'autrui. Ce système comprendrait, dans une disposition unique et au même titre, les inconscients et les non-majeurs (sauf les émancipés par mariage), et il présumerait responsable toute personne chargée d'une manière permanente, soit par contrat, soit par la loi, du soin et de la surveillance de ces incapables, pourvu qu'ils habitent avec elle.

Partant, seraient présumés responsables les grands-parents, oncles, tantes, tuteurs, instituteurs chez qui l'enfant est élevé, les directeurs d'établissements d'aliénés, en un mot toute personne régulièrement chargée du soin soit d'un dément, soit d'un enfant.

Ce système rendrait juridique la décision suivante que, dans le droit actuel, nous ne pouvons admettre pour autant qu'elle contient une présomption : « Que le directeur d'un établissement d'aliénés qui reçoit un dément mineur est substitué aux père et mère du mineur, et est responsable du dommage causé par lui (1). »

Il nous semble équitable d'assimiler celui que la loi reconnaît comme inconscient à l'enfant impubère. L'un et l'autre est incapable ; l'un et l'autre se trouve forcément soumis à une surveillance, à l'autorité d'une autre personne.

Et, en ce qui concerne l'enfant privé de ses parents ou séparé d'eux, nous ne pensons pas que sa position anormale puisse être un prétexte pour placer la victime d'un fait dommageable causé par un tel enfant dans une situation pire que celle que le Code lui assure normalement.

(1) Agen, 16 mars 1872. Sirey, 1873. 2. 113.

La personne qui prend sur elle le soin et la surveillance des enfants doit assumer, par là même, les obligations des parents qu'elle prétend remplacer. La présomption qu'un dommage causé par un inconscient ou par un non-majeur est dû à la faute de celui qui a autorité sur lui, nous semble aussi logique que la présomption qui atteint les instituteurs et artisans. Nous ne faisons que généraliser cette disposition, alors qu'il y a identité de motifs. — Pour le tuteur, nous l'avons dit, sa responsabilité légale nous paraît une conséquence de ses devoirs légaux.

Plusieurs législations étrangères sont entrées dans la voie que nous indiquons, et contiennent des textes d'une portée beaucoup plus étendue que notre article 1384.

Citons le Code pénal suisse (art. 61) et le Code portugais (art. 2377-2379).

Le deuxième projet de Code allemand manifeste surtout la tendance que nous signalons ; son texte pourrait, à bon droit, pensons-nous, inspirer le législateur belge.

Nous le reproduisons :

Article 755. « Lorsqu'une personne est légalement chargée d'en surveiller une autre à cause de sa minorité, ou de son état d'esprit et de corps, elle est responsable du dommage causé injustement à des tiers, à moins qu'elle n'ait rempli son devoir de surveillance, ou que le dommage ne soit aussi arrivé malgré une plus grande attention.

» La même responsabilité incombe à celui qui remplace le surveillant légal. »

Comme nous considérons comme parfaitement logique le principe en vertu duquel il doit être permis à chacun de prouver son innocence, la disposition que nous introduisons ne consacrera qu'un cas de présomption *juris tantum.*

b). Les instituteurs et les artisans (sont responsables) *du dommage causé par leurs élèves et apprentis, pendant le temps qu'ils sont sous leur surveillance* (1384, al. 3).

L'instituteur est celui qui se charge de l'instruction et de l'éducation de l'enfant. Il importe peu, comme le dit Larombière (1), que ce soit d'une façon permanente ou purement passagère ; et il faut comprendre, dans la disposition, aussi bien ceux qui donnent des leçons à domicile, que ceux qui re-

(1) T. VII. Commentaire de l'art. 1384, n° 17.

çoivent les enfants chez eux (1). En effet, dans les deux cas, il y a, de la part de l'instituteur, surveillance acceptée, et, de la part des parents, volonté de se décharger de la surveillance.

Tandis que le terme « instituteur » vise l'enseignement intellectuel, celui d'artisan se rapporte principalement à l'ordre des connaissances matérielles et manuelles. L'artisan, en effet, est celui qui enseigne un art manuel ou un métier. Au surplus, la question de savoir si la qualité d'instituteur ou d'artisan se retrouve dans tel cas déterminé est laissée à l'appréciation du juge du fond (2).

La responsabilité de l'instituteur et de l'artisan est-elle limitée aux seuls mineurs, comme le veulent Demolombe et Sourdat? Faut-il, au contraire, placer le majeur sur le même rang, comme le professent Baudry, Thiry, Dalloz, Duranton et Larombière?

Au point de vue du texte, nous reconnaissons que rien n'autorise à restreindre la disposition de l'article 1384, al. 3, aux mineurs. Cette solution est d'ailleurs juste, si on base la responsabilité de l'instituteur sur la seule surveillance de fait qu'il exerce. Il existe même, entre les parents et les instituteurs, certaines différences qui justifient une plus grande sévérité à l'égard de ces derniers. C'est d'abord que la surveillance des instituteurs ne s'exerce que durant un temps limité; ensuite que leur profession dénote une certaine prétention à savoir diriger; c'est, enfin, que l'instituteur, comme l'artisan, peut toujours, en cas de difficulté, mettre fin à son obligation en congédiant les élèves indociles. Bref, le texte du Code semble comprendre les majeurs et les mineurs.

Mais, en raison, la restriction de la responsabilité aux mineurs nous paraît logique. Nous croyons, en effet, que la vraie source de la responsabilité des instituteurs et artisans est une délégation de l'autorité paternelle. Celle-ci cessant à la majorité, ses conséquences doivent disparaître au même moment.

Cette solution est adoptée par la Commission belge de revision (3). Nous la déduisons du texte que nous avons préconisé

(1) *Contrà* Sourdat, n° 874.
(2) 27 avril 1885. *Pas.*, 1885. 1. 133.
(3) Rapport de M. van Biervliet, p. 8, n° 31.

en parlant de la responsabilité des parents; en effet, ce texte comprend les instituteurs et les artisans.

La responsabilité des instituteurs et des artisans, basée sur le contrat qui leur donne autorité sur les enfants, doit naturellement cesser avec le droit qu'ils exercent. Remarquons que ce n'est pas le contrat qui donne droit d'agir à la victime, mais bien la situation de fait née à l'occasion du contrat, car la victime, étrangère à la convention, ne peut se trouver lésée que dans un droit légal.

Il importe de donner une interprétation large aux termes « temps de la surveillance. » Ce temps ne comprend pas seulement les moments de classe ou d'apprentissage, mais tout le temps où, régulièrement, la surveillance doit s'exercer; ainsi le temps de la promenade, des récréations, des repas pris chez l'instituteur ou l'artisan. Pendant tout ce temps, en effet, les parents ont entendu donner délégation de leur autorité.

La présomption dont nous nous occupons, comme la précédente, cède devant la preuve contraire. Relativement aux moyens de s'exonérer, nous plaçons les instituteurs et artisans dans une situation analogue à celle des parents; donc, s'ils ont accepté des enfants dépourvus de discernement, ils en assument les inconvénients.

Nous avons dit, en parlant des parents, que la responsabilité spéciale des instituteurs remplace l'obligation plus générale des parents. Mais les instituteurs et artisans ne peuvent-ils avoir un recours à exercer contre les parents? Sourdat enseigne la négative (1). Ou bien, dit-il, les instituteurs et artisans ont pu empêcher le dommage, et ils sont en faute, ou bien ils n'ont pu le faire, et aucune réparation ne pourra être exigée d'eux.

A notre avis, cependant, le recours peut se présenter. Il peut se faire que le dommage soit dû à une double cause : et au défaut de surveillance suffisante, et à un vice particulier de l'enfant. Or ce vice peut retomber sur les parents, lorsque l'instituteur prouve que ceux-ci lui ont caché les instincts vicieux de l'enfant. Il ne serait pas juste que l'instituteur encoure une responsabilité plus large que la mission qu'il a acceptée, et il est censé, sauf exception, avoir reçu des enfants dans des

(1) *Traité...*, n° 881, 2e partie, liv. I, ch. IV.

conditions normales. Il y a faute des parents de ne pas révéler les défauts graves d'un enfant, défauts exigeant une surveillance toute spéciale.

Mais, vis-à-vis des tiers, la responsabilité du tuteur ou de l'artisan est engagée, du moment qu'il aurait pu empêcher le dommage, sa faute fût-elle légère.

c). « Le propriétaire d'un animal, ou celui qui s'en sert, pendant qu'il est à son usage, est responsable du dommage que l'animal a causé, soit que l'animal fût sous sa garde, soit qu'il fût égaré ou échappé. »

L'action, en cas de dommage causé par des animaux, ne s'accordait, en droit romain, que contre le détenteur actuel. Ce droit permettait l'abandon de l'animal en guise de réparation. Cette obligation ne constituait donc pas un cas de responsabilité basé sur la faute, mais bien une obligation découlant de la propriété, et dont il était permis de se libérer par l'abandon noxal.

Dans notre droit, l'action basée sur l'article 1385 a sa véritable source dans une faute : le défaut de surveillance. Cette théorie est admise par la grande majorité des auteurs (1) et de la jurisprudence (2). Elle ressort des travaux préparatoires (3); elle résulte, d'ailleurs, de notre texte lui-même, qui oblige alternativement le propriétaire et celui qui use passagèrement de l'animal. En cela l'article se distingue de l'article 1386, qui s'en tient uniquement au propriétaire.

A qui incombe la responsabilité? L'article 1385 rend alternativement responsable le propriétaire de l'animal ou celui qui s'en sert. Les mots « celui qui s'en sert » s'appliquent, selon nous, uniquement à celui qui, au lieu et place du propriétaire, a la jouissance de l'animal, tel que le locataire ou l'usufruitier, et non au subordonné, au préposé à la garde duquel l'animal est confié. La loi a voulu viser celui qui usait de l'animal à son profit. Quels animaux l'article 1385 vise-t-il? Le texte n'établit aucune distinction; il comprend donc tous les

(1) Labbé, note Sirey, 1886. 2. 97. — Aubry et Rau, t. IV, p. 771. — Demolombe, t. VIII, édit. française, n° 638, etc., etc.

(2) 25 oct. 1885. Sirey, 1886. 1. 33. — Gand, 9 août 1861. *Pas.*, 1861. 2. 365. — Brux., 13 janv. 1890. *Pas.*, 1890. 2. 137.

(3) Cités par Laurent, t. XX, n° 625.

animaux sauvages, apprivoisés ou domestiques, du moment où ils sont soumis à la puissance de l'homme. Dès l'instant où l'on prétend posséder et utiliser un animal quelconque, on doit se mettre en mesure de protéger efficacement le prochain contre le préjudice que l'animal peut éventuellement causer. Nous verrons plus loin que M. Labbé distingue certaines espèces d'animaux et leur applique une règle distincte ; à notre avis, la disposition de la loi est une, elle ne permet aucune distinction. Il importe peu que l'animal agisse suivant l'instinct de sa nature ou contrairement à celle-ci. Dans l'un et l'autre cas, ce que le législateur a en vue c'est la faute du propriétaire.

La jurisprudence est fréquemment appelée à appliquer les principes délictuels à propos du dommage occasionné par le gibier. Dans ce cas, l'application de l'article 1385 est loin de pouvoir toujours se faire (1). En principe, le gibier n'appartient pas au propriétaire du terrain qui l'abrite ; aussi l'article 1385 ne peut-il être invoqué contre le propriétaire. C'est aux articles 1382-1383 que doit recourir la personne qui se prétend lésée ; à elle d'établir la faute de celui qu'elle veut rendre responsable. Et la jurisprudence décide que cette faute existe dans le chef de celui qui favorise la multiplication du gibier en lui assurant une retraite, à moins qu'il ne prenne lui-même des mesures suffisantes pour protéger les voisins ou qu'il ne permette à ceux-ci d'exterminer le gibier chez lui. Cependant le propriétaire de domaines giboyeux n'est pas toujours à l'abri de l'application de l'article 1385 ; lorsque, par un acte, il manifeste l'intention de s'approprier le gibier, par exemple, quand il établit une garenne, il se soumet par là même à l'article 1385 (2).

Quelle est la durée de la responsabilité édictée par l'article 1385 ? Aussi longtemps qu'une personne a la propriété, la jouissance d'un animal, la responsabilité persiste.

En cas de fuite de l'animal, la présomption retombera d'abord sur le propriétaire. S'il prétend que la fuite est imputable à un

(1) Voy. *Pand. belges*, t. VII, *Animal*, n° 106 et suiv. — Beltjens, *Encyclopédie, Code civil*, art. 1385.

(2) Jurisprudence constante. — Voy. Beltjens, *Encyclopédie, C. civ.*, art. 1385, n° 26.

tiers qui se servait de l'animal, c'est au propriétaire à en fournir la preuve.

La responsabilité est encourue soit que l'animal fût gardé, soit qu'il fût égaré ou échappé. Rien n'est plus naturel; puisqu'on présume la faute du propriétaire au cas où l'animal gardé cause un dommage, pourquoi ne pas présumer que le seul fait anormal de la liberté de l'animal soit dû à une faute du propriétaire? Il est permis de supposer que celui à qui appartient l'animal a négligé son devoir de surveillance. Cette disposition était nécessaire à raison des dangers que cette source de préjudice peut présenter et présente habituellement.

Quelle portée convient-il d'attribuer à l'article 1385? Nous avons dit que cette disposition repose sur le principe de la faute, celle-ci y est présumée (1). Ce point est de doctrine, il est universellement admis. La grande majorité de la doctrine et de la jurisprudence s'accorde également pour reconnaître que l'article 1385 n'est pas une présomption *juris et de jure* stricte. Presque tous admettent la preuve contraire; mais il y a de telles divergences dans les opinions à l'égard de la preuve contraire déclarée suffisante, que certaines théories aboutissent presque à ériger l'article 1385 en une présomption absolue.

Nous pouvons indiquer nettement une double tendance. Un premier système, plus strict que le second, n'admet pas que la simple preuve contraire puisse exonérer le propriétaire; il ne suffit pas à celui-ci de prouver qu'il n'a commis aucune faute, qu'il a suivi toutes les règles de la prudence; il doit, pour s'exonérer, apporter la preuve directe d'un fait étranger à sa personne et qui a été la cause de l'accident : le cas fortuit et la faute de la victime (2) ou d'un tiers quelconque (3) pourront seuls faire tomber sa responsabilité (4).

(1) Laurent, t. XX, p. 673, n° 625.

(2) 27 oct. 1885. Sirey, 1886. 1. 33. Il est de jurisprudence que celui qui se jette volontairement à la tête de chevaux emportés et est victime de son courage, ne commet pas une faute qui l'empêche d'avoir droit à indemnité (Seine, 7 août 1894. *Pas.*, 1895. 4. 11).

(3) *Pand. franç.*, t. VI, 1re partie, chap. II, § 1er, n° 83.

(4) Les espèces jugées en jurisprudence nous révèlent encore des degrés dans la preuve déclarée suffisante. Nous n'y entrons pas; il nous suffit de caractériser le système : il n'admet pas la simple preuve qu'on n'est pas en faute.

Cette théorie est professée par Aubry et Rau (1), Demolombe (2), Marcadé (3). M. Labbé fait une distinction entre les différentes espèces d'animaux : pour celles dont l'utilité est incontestable, il admet que le propriétaire se contente de prouver la simple absence de faute, pour les autres il ne l'admet pas (4). Ce système n'est pas légal, le texte est général.

Le système rigoureux que nous venons d'indiquer est adopté également par la jurisprudence française (5).

Un second système, au contraire, estime « que la preuve contraire est de droit, » qu'il suffit de démontrer l'absence complète de faute sans devoir indiquer la cause réelle du dommage. Citons parmi les partisans de cette opinion : Laurent (6), Baudry (7), Dalloz (8). La jurisprudence belge, à de rares exceptions près, décide dans le même sens (9).

Selon nous, cette seconde théorie est celle du législateur. La présomption *juris et de jure* est de droit strict. Pour exister, elle devrait résulter formellement du texte. Dans l'article 1384, elle était de tradition à l'égard des commettants.

Et, s'il faut admettre la preuve contraire dans le cas qui nous occupe, il faut l'admettre pure et simple ; cela est conforme au droit commun. Remarquons, d'ailleurs, que cette doctrine n'aboutit pas à dire que la preuve « qu'on n'a pu empêcher le fait » suffise toujours. Loin de là, la preuve contraire, pour être suffisante, doit écarter la faute; or, le fait de n'avoir pu empêcher le dommage peut provenir de l'impéritie du propriétaire ou du mauvais choix de l'animal pour le service exigé; dans ces cas la faute est patente.

(1) Aubry et Rau, t. IV, § 448, note 10.

(2) T. VIII, édit. française, n° 564.

(3) Art. 1385, n° 1.

(4) Sirey, 1886. 2. 97, note.

(5) Paris, 23 février 1884. Sirey, 1886. 2. 97. — 9 mars 1886. Sirey, 1886. 1. 244. — 27 oct. 1885. Sirey, 1886. 1. 33. — 16 mai 1887. Sirey, 1888. 1. 73. Voy. aussi *Pand. franç.*, *répert.*, t. VI, *Animaux*, 1re partie, ch. II, § 1, n° 71.

(6) T. XX, n° 629.

(7) T. II, n° 1355.

(8) Dalloz, *Répertoire*, v° *Respons.*, n° 723. *Adde* Colmet de Santerre, *Droit civil*, n° 366 *bis*.

(9) Not. Gand, 9 août 1861. *Pas.*, 1861. 2. 363. Voy., à l'égard de la théorie suivie en Belgique, *Pand. belges*, *répert.*, v° *Abandon d'animaux*, n° 63. — Voy., en sens contraire, Cloes et Bonjean, 1858-1859, *Observations*, p. 266.

Bref, la preuve de l'absence de faute doit suffire dans notre législation. Ainsi est suffisante la preuve qu'il n'y a eu aucune faute actuelle du propriétaire ayant pu occasionner l'accident et que l'animal était habituellement doux et docile (1). Lorsque ces preuves sont fournies et que la cause du dommage reste inconnue, le propriétaire de l'animal en bénéficiera, sa faute est écartée (2).

La législation étrangère, en général, consacre l'obligation du propriétaire ou de l'usager de l'animal en réservant la preuve contraire pure et simple; telles sont les dispositions du Code fédéral suisse (art. 65), du Code portugais (2394) et du deuxième projet allemand (art. 756). Les Codes italien et néerlandais, contenant la même disposition que l'article 1385, donnent lieu à la même controverse.

Le Code espagnol contient un texte plus strict: il se rapproche de la jurisprudence française : « Le possesseur d'un animal, ou celui qui s'en sert, est responsable du préjudice qu'il a causé, même alors qu'il est égaré ou échappé. *Sa responsabilité ne cessera que dans le cas où le dommage proviendra de force majeure ou de la faute de celui qui l'a souffert.* » (Art. 1906).

En Belgique, le projet de M. Pirmez met toutes les choses, animées et inanimées, sur le même pied. L'auteur commente ainsi cette disposition : « Si un accident arrive, la victime est fondée à réclamer une indemnité, sur la simple constatation du dommage illégitime qu'elle subit, sauf au possesseur de la chose à prouver le cas fortuit (3). »

M. Laurent, dans son avant-projet, admet la preuve contraire; mais son texte laisse subsister la controverse. Enfin, le projet de la commission gouvernementale se rallie également à la présomption avec droit de prouver « qu'on n'a pu empêcher le dommage, » c'est-à-dire d'établir l'absence de faute dans le chef du propriétaire.

Cette solution nous paraît juste. A qui est sans faute et qui le prouve ne peut incomber aucune obligation de réparer; la

(1) Voy. Montpellier, 28 juillet 1866. Sirey, 1867. 2. 220.

(2) Il faut considérer qu'il y a eu cas fortuit.

(3) Eudore Pirmez, *De la responsabilité*, projet de revision, sous l'art. IV du projet, p. 43.

seule propriété de l'animal ne peut constituer une faute. Absence de faute : c'est ainsi qu'il faut entendre « l'impossibilité d'empêcher le dommage. »

L'article 1385 nous amène à dire un mot sur une dernière question. Lorsque l'animal est confié à un préposé, contre qui l'action se donne-t-elle? La victime pourra agir contre le préposé en établissant sa faute; en effet, celui-ci n'est pas compris dans le texte de l'article 1385; elle pourra agir également contre le propriétaire, qui ne pourra se libérer en prouvant l'absence de faute en son chef, ou la faute du préposé, car si sa responsabilité du chef de l'article 1385 tombe ainsi, il reste engagé à titre de commettant.

La difficulté est de savoir quelle sera la situation du préposé lorsque c'est lui-même qui est victime du dommage? M. Labbé (1) estime que le préposé ne pourra invoquer la présomption de l'article 1385; étant contractant, seules les règles contractuelles lui sont applicables. Nous n'admettons pas cette théorie exclusive. Notre solution, pour ce cas-ci, est la même que celle que nous avons donnée pour l'article 1386. Il y a les mêmes raisons de décider; en effet, l'article 1385 consacre une obligation légale supérieure au contrat, donc applicable, à priori, aussi bien aux contractants qu'aux non-contractants. La disposition est générale et absolue. Mais la victime peut également recourir à l'action née du contrat; elle a un choix à exercer (2).

Toute différente serait, dans le cas qui nous occupe, la position du locataire de l'animal; celui-ci étant la personne « qui s'en sert, » c'est sur lui-même que retombe la présomption de l'article 1385 lorsqu'il essuie un préjudice; il ne pourra invoquer ce texte, mais devra, pour réussir dans une action en indemnité, prouver la faute du bailleur.

B. — *Présomptions « juris » et « de jure. »*

« Les maîtres et les commettants (sont responsables) du

(1) Note, Sirey, 1886. 2. 97.

(2) En ce sens, Laurent, t. XX, n° 630. Voy. l'exposé de la double théorie, *Pand. franç.*, *répert.*, t. VI, *Animaux*, *loc. cit.*, n° 117 et suiv.

dommage causé par leurs domestiques et préposés dans les fonctions auxquelles ils les ont employés. » (1384, al. 3.)

Cette responsabilité n'a pas sa base unique dans l'intérêt public, comme l'ont soutenu certains auteurs hollandais (1); une faute personnelle est toujours présumée dans le chef du commettant, comme elle l'est dans le chef des autres personnes civilement responsables. Nous reconnaissons cependant, comme nous l'avons dit à propos de la présomption en général, que les présomptions légales se justifient, d'un certain côté, par des raisons d'intérêt et d'opportunité; et cela est surtout vrai à l'égard de la responsabilité qui incombe aux commettants, celle-ci ne pouvant être combattue par la preuve contraire et ayant, parmi ses raisons d'être, celle de rendre les maîtres attentifs à ne se servir que de bons domestiques.

Quand peut-on dire que les qualités de commettant et de préposé existent dans le chef de certaines personnes? L'accord ne règne point à ce sujet. Tandis qu'une première opinion rattache la qualification de commettant au seul choix qu'une personne fait d'une autre personne, chargée de la représenter, une seconde opinion exige que ce choix soit accompagné d'un droit de direction et de surveillance de la part de celui qui l'a exercé.

Parmi les partisans de la première théorie, nous pouvons citer Demolombe (2), Laurent (3) et Thiry (4). La doctrine de ces auteurs paraît pouvoir se réclamer de l'autorité de Pothier, qui disait que la responsabilité du commettant existe « pour les rendre attentifs à ne se servir que de bons domestiques (5). » Bertrand de Greuille également semble n'avoir basé la qualité de commettant que sur le droit de choisir. Il dit dans son rapport au Tribunat : « N'a-t-il pas à se reprocher d'avoir donné sa confiance à des hommes méchants, maladroits, ou imprudents? Et serait-il juste que des tiers demeurassent victimes de cette confiance inconsidérée, qui est la cause première, la véritable source du dommage qu'ils éprouvent (6)? »

(1) M. Belinfante cité et combattu par Opzoomer Burg. Wetboek, t. VI, p. 336.
(2) T. XV, édit. belge, n° 610.
(3) T. XX, n° 570.
(4) T. III, n° 206.
(5) *Œuvres* de Pothier annotées par Bugnet, t. II, p. 59, n° 121.
(6) Fenet, t. XIII, p. 476.

Peu importe, dit Laurent dans son avant-projet, qu'il y ait ou non droit de surveillance, c'est le choix seul qui a guidé le législateur; aussi l'ouvrier d'une profession déterminée est-il le préposé de celui qui l'a choisi. Et il faut logiquement en décider de même de l'entrepreneur.

La seconde théorie, exigeant pour l'application de l'article 1384 non seulement un choix, mais, de plus, un droit de surveillance, en un mot un choix de supérieur à inférieur, est professé notamment par Dalloz (1), Sourdat (2), Larombière (3), Baudry (4) et Sainctelette (5). La jurisprudence se prononce en ce sens (6). C'est aussi à cette solution que nous nous rallions. Au rapport de Bertrand de Greuille il est permis d'opposer les paroles prononcées par Tarrible devant le Corps législatif. Voici en quels termes il s'exprime : « Les premiers (commettants) sont investis d'une autorité suffisante pour *contenir* leurs subordonnés dans les limites du devoir et du respect dû aux propriétés d'autrui. Si les subordonnés les franchissent, ces écarts sont attribués avec raison au *relâchement* de la discipline domestique qui est dans la main du père, de la mère, du commettant..... Cette responsabilité est nécessaire pour tenir en éveil l'attention des supérieurs sur la *conduite* de leurs inférieurs et pour rappeler les austères devoirs de la magistrature qu'ils exercent (7). »

N'est-ce pas mettre en lumière l'obligation du patron de diriger son subordonné?

Et comment admettre que le législateur ait voulu faire abstraction de l'autorité effective, du droit de commander, alors que la faute qui résulte du défaut de surveillance a souvent beaucoup plus de connexité avec le dommage que celle qui résulte du mauvais choix? — Bref, le choix dont parlent les travaux préparatoires ne peut consister que dans un choix de supérieur à inférieur, entraînant nécessairement un droit de

(1) *Répert.*, v° *Respons.*, n° 602 et suiv.

(2) *Traité*, 2e partie, n° 885.

(3) T. VII, art. 1384, nos 8 et 11.

(4) T. II, n° 1352.

(5) *De la resp. et de la garantie*, p. 122, n° 7 et suiv.

(6) D. P., 1860. 1. 49. 10 nov. 1849. — 25 oct. 1886. S., 1887. 1. 457. En Belgique, *Pas.*, 1879. 2. 272. Brux., 30 avril 1879. — Br., 31 sept. 1888. *Pas.*, 1889. 2. 133. — C'est en ce sens que la jurisprudence décide que l'entrepreneur n'est pas le préposé du propriétaire qui le choisit cependant, et que le propriétaire n'est responsable des ouvriers de l'entrepreneur que pour autant qu'il a conservé sur eux un droit de surveillance.

(7) Fenet, t. XIII, p. 488.

surveillance. Le choix peut avoir été fort judicieux et le dommage être cependant imputable au commettant; et, actuellement, n'est-ce pas l'exception que le patron se trouve dans la possibilité de faire un véritable choix parmi les ouvriers qu'il emploie (1)?

Ne peut-on objecter à notre système que le droit de surveillance n'a aucune influence, puisque la responsabilité existe, même si le préposé agit sans ordres ou contre les ordres du maître? La jurisprudence admet, à bon droit, que la responsabilité subsiste malgré l'absence d'ordres effectifs (2); mais cette solution n'entraîne pas du tout la conséquence qu'on nous oppose. Si le préposé a pu agir sans ordres, et encore plus, s'il a pu agir contre les ordres donnés, cela prouve qu'il n'était pas surveillé efficacement.

La nécessité d'un droit de direction pour faire naître la responsabilité du commettant, n'empêche-t-elle pas de rendre celui-ci responsable de l'ouvrier d'une profession déterminée, choisi pour exécuter un travail spécial de cette profession?

Cette question est diversement résolue par les auteurs. Aubry et Rau, Sourdat, Dalloz estiment que pareil ouvrier ne peut être classé parmi les préposés, attendu que, dans ce cas, le droit de direction du maître ne s'exerce pas et ne peut s'exercer. — Larombière est d'un avis opposé. Si la première solution paraît plus conforme à l'enchaînement du raisonnement, de la part des auteurs qui accordent la même importance au droit de surveillance du maître qu'au choix qu'il peut faire, nous pensons cependant que la doctrine de Larombière est plus conforme à l'intérêt général. L'utilité pratique de cette dernière solution n'échappera à personne; comme le dit Larombière, si le maître peut s'exonérer sous prétexte qu'il n'a pas les connaissances techniques requises pour une surveillance efficace, presque tous les cas de responsabilité du commettant disparaissent, et ce seraient principalement les riches qui profiteraient de la situation. — La théorie de Larombière, que nous préférons au point de vue de l'opportunité, pourrait se justifier également au point de vue juridique. Le choix d'un ouvrier exerçant un mé-

(1) Voy. l'opinion, si bien fondée, de Sainctelette, *loc. cit.*

(2) Paris, 29 mars 1862. S., 1862. 2. 375. — Br., 20 avril 1870. *Pas.*, 1870. 2. 215.

tier déterminé nous semble être un choix de supérieur à inférieur, comprenant le droit, au moins théorique, de donner des instructions. Ce droit n'est pas plus illusoire que ne l'est, dans bien des cas, le droit de choisir. De plus, si le maître n'est pas à même d'exercer une surveillance réelle, n'est-ce pas sa propre faute et ne doit-il pas en supporter les inconvénients? Remarquons d'ailleurs que nous n'étendons pas cette solution à l'entrepreneur; celui-ci n'est pas le subordonné du propriétaire; le contrat d'entreprise place les deux parties sur un pied d'égalité (1).

Mais revenons-en à la solution que réclame notre droit actuel. Dans notre droit, les circonstances de chaque espèce doivent, pensons-nous, guider le juge. Il est aussi faux de dire que l'ouvrier d'une profession déterminée n'est pas le préposé de celui qui le choisit, que de dire qu'il l'est toujours. Il importe d'examiner soigneusement la situation des parties dans chaque cas déterminé. — C'est ainsi qu'il nous paraît juste d'exiger du maître, même vis-à-vis de l'ouvrier d'un art déterminé, qu'il prenne les mesures que la prudence vulgaire commande pour éviter les accidents. A cet égard, sa qualité de commettant existe parfaitement; ces mesures, le maître peut et doit les prendre. Jugé en ce sens qu'il y a responsabilité à titre de commettant dans : « Le fait, par le propriétaire d'une maison à laquelle des travaux de réparation sont exécutés par un simple ouvrier qu'il a choisi, d'avoir négligé d'avertir les passants par un signe quelconque des dangers... (2). » C'est ainsi encore que la Cour de cassation belge a rendu un propriétaire responsable du dommage causé par un bûcheron dans l'exercice de ses fonctions spéciales (3).

Toute différente est la situation de l'entrepreneur proprement dit. Celui-ci assume en général toute la responsabilité des travaux qu'il effectue; il ne reste le préposé de celui qui l'a choisi que lorsque ce dernier s'est réservé un droit de surveillance sur les travaux (4).

(1) Voy. Lyon, 20 janv. 1863. D. P., 1863. 2. 199. — Paris, 30 janv. 1864. D. P., 1864. 2. 215.

(2) Cass., 27 mai 1868. S., 1868. 1. 299.

(3) Cass. belge, 6 juill. 1868. *Pas.*, 1868. 1. 468.

(4) Voy. Cass., 5 janv. 1888. *Pas.*, 1888. 1. 62.

Après les développements qui précèdent, nous pouvons caractériser le contrat de préposition d'une façon générale, en disant que c'est une convention en vertu de laquelle certaines personnes exercent, sous l'autorité d'autres personnes qui les ont choisies, des fonctions subordonnées (1). Cette définition comprend deux éléments : la représentation, la subordination.

1° La représentation en vertu de laquelle le préposé remplit certaines fonctions au lieu et place du maître. A ce caractère du contrat, qui se rapproche du mandat, correspond l'obligation, pour le commettant, de faire un choix judicieux, attendu que, pour les tiers, il est, dans une certaine mesure, censé agir lui-même.

2° La subordination. Le choix ici est un choix de supérieur à inférieur, donnant un droit, au moins théorique, de surveillance et de direction. Sous ce rapport, la préposition tient du contrat de louage. Mais il n'est pas requis que des ordres aient été effectivement donnés (2).

La liberté du juge dans l'appréciation des termes « commettant et préposé » est d'autant plus grande que la définition légale fait défaut.

Mais cette responsabilité n'est pas indéfinie, elle n'atteint que le subordonné choisi ou son remplaçant, alors que le patron y a consenti (3). Ceux que le préposé se substitue à l'insu du patron, sans son consentement, ne peuvent engager la responsabilité de celui-ci (4).

De plus, la responsabilité du patron ne peut être étendue, par une sorte de réciprocité, au dommage que le préposé se cause à lui-même (5). La présomption tournerait contre le préposé, victime du dommage, car il devrait établir sa propre faute pour bénéficier du texte de l'article 1384, al. 3.

Mais il importe peu que le dommage causé par un préposé soit occasionné à un tiers ou à un autre préposé du même

(1) Décidé ainsi, Brux., 30 avril 1879. *Pas.*, 1879. 2. 272.

(2) Voy., en ce sens, 28 mai 1875. S., 1876. 1. 13. — Brux., 15 avril 1879. *Pas.*, 1879. 2. 198.

(3) Note Sirey, 1862. 2. 363.

(4) Voyez : Tongres, 6 août 1861. Cloes et Bonjean, 1862-63, 903. — Rouen, 24 août 1861. Sirey, 1862. 2. 373.

(5) Lyon, 19 juill. 1853. D. P., 1853. 2. 233.

commettant (1). La circonstance qu'un contrat lie la victime à la personne civilement responsable, n'entraîne pas l'obligation de recourir uniquement aux règles contractuelles. L'obligation du commettant, consacrée par un texte formel, est une obligation légale, différente de l'obligation spéciale que le contrat peut faire naître ; elle peut donc subsister parfaitement à côté de celui-ci. Pourquoi l'existence d'un contrat supprimerait-elle à priori l'obligation née de la loi? Cette obligation, absolue, du moment que les conditions du texte sont remplies, s'applique à toute personne, tierce ou contractante. Nous avons donné la même solution en ce qui concerne les articles 1385 et 1386.

Autre est l'obligation du commettant, et autre l'obligation résultant du défaut de livrer une chose, de transporter ; tandis que, dans ces derniers cas, la réparation du fait dommageable ne repose que sur le contrat, dans le premier cas la victime peut invoquer l'inexécution d'une obligation légale. Le commettant peut, en cas de contrat, avoir un devoir spécial à remplir : je le veux bien; mais y a-t-il là un obstacle à l'obligation que la loi lui impose à l'égard de tous, indistinctement?

Bref, le préposé lésé aura un choix à exercer, soit qu'il s'en tienne au contrat, soit qu'il invoque la loi. Ces deux sources d'obligations peuvent coexister.

Mais si le choix subsiste en principe entre l'action délictuelle et l'action contractuelle, il ne faut cependant pas perdre de vue que le contrat peut amener de graves dérogations à la situation que la loi assure à la personne lésée par le fait d'un préposé.

Remarquons que la mention spéciale des maîtres et domestiques est purement exemplative; ces termes sont compris dans les mots commettants et préposés, leur unique justification réside dans ce qu'ils forment un cas d'application fréquente.

Nous avons vu, à propos de la responsabilité que l'Etat peut encourir, que les articles 1382 et suivants ne visent que les relations de la vie civile; la jurisprudence belge l'a maintes fois proclamé (2).

Quand la présomption qui frappe les commettants, a-t-elle

(1) *Sic* Larombière, sous 1384, n° 9. — Sourdat, *Traité*, n° 911. Aubry et Rau, t. 3, § 447, p. 551.

(2) 24 avril 1840. *Pas.*, 1840. 1. 375. Voir ce que nous avons dit à propos de la responsabilité de l'Etat.

lieu? Cette responsabilité n'existe à leur égard que pour les actes des préposés accomplis « dans les fonctions auxquelles ils les ont employés. » Donc, si cette condition fait défaut, on retombe dans le droit commun. Et comme, dans ce cas, aucune obligation légale n'existe de la part d'une personne à l'égard d'une autre, nous admettons cette conclusion que l'ex-commettant n'est pas responsable du dommage qu'il voit causer par celui qui, en d'autres moments, est son préposé, même s'il pouvait empêcher le dommage; en effet, il n'a, dans ce cas, aucune obligation légale d'intervenir; son devoir, dans notre droit, n'est que moral (1).

Quelle portée convient-il d'attribuer à la restriction relative à la durée de responsabilité des maîtres et commettants? Faut-il que l'acte préjudiciable constitue un fait de charge (2), ou suffit-il, au contraire, qu'il soit commis à l'occasion des fonctions et ait un certain rapport avec celles-ci (3)?

La nécessité d'une restriction à la responsabilité des commettants est incontestable, puisque, avec les fonctions, cessent les relations qui sont la base de la responsabilité. Et une simple relation de temps et de lieu ne peut suffire pour rendre le commettant responsable (4). Il faut qu'il existe au moins un certain rapport entre le fait et les fonctions du subordonné.

« Ces termes, comme le fait observer avec raison M. Pirmez, n'impliquent pas une restriction aux actes qui constituent l'exercice des fonctions; ils n'obligent pas à accepter l'extension à tout ce qui se fait pendant les fonctions ni à l'occasion de l'exercice des fonctions. Ils indiquent la cause de la responsabilité avec une certaine indétermination de contours, qui permet aux tribunaux d'apprécier si, dans chaque fait, le dommage se rattache assez intimement aux fonctions pour que celui qui les a conférées puisse être considéré comme ayant manqué aux devoirs de surveillance et de prudence qui lui incombent (5). »

Quelle est l'étendue de la présomption qui pèse sur les maîtres et commettants? Les rédacteurs du Code, quoi qu'en ait dit Tarrible, dont l'opinion est restée isolée, ont admis ici la

(1) Sourdat, *Traité*, n° 888.
(2) Demolombe, édit. belge, p. 615.
(3) Laurent, t. XX, n° 584. *Adde :* Liège, 13 mars 1885. *Pas.*, 1886. 3. 30. — Gand, 5 mars 1888. *Pas.*, 1888. 2. 359.
(4) Voy. Larombière, art. 1384, n° 9.
(5) Rapport van Biervliet, p. 7, n° 29.

responsabilité « la plus entière et la moins équivoque (1). » Les travaux préparatoires ne laissent aucun doute à ce sujet. En effet, sur la proposition de la section de législation du tribunat, les mots « commettants et maîtres » qui se trouvaient dans l'alinéa final du texte du projet, furent supprimés, « parce qu'il serait dangereux d'admettre ici l'exception du § 5 ; car ils (les commettants) ne seraient pas tenus du dommage par cela seul qu'ils n'y auraient pas été présents, ce qui est contraire à l'intention des auteurs du projet (2). » Ajoutons que l'accord des auteurs et de la jurisprudence (3) est unanime sur ce point. Les rédacteurs du Code se sont d'ailleurs bornés à suivre la théorie de Pothier : les maîtres sont responsables même s'il n'a pas été en leur pouvoir d'empêcher le dommage, pour qu'ils soient attentifs à ne se servir que de bons domestiques.

Mais cette présomption, *juris et de jure*, rencontre nécessairement certaines limites : 1° D'abord, la force majeure et le cas fortuit écartent, en tout cas, la responsabilité. Laurent professe que l'impossibilité bien constante d'agir équivaut à la force majeure (4).

2° Pas de responsabilité en cas d'absence de faute dans le chef du préposé. Cette conséquence découle du but même de la présomption, qui est d'affranchir la victime de l'obligation de prouver la faute du maître, sans permettre d'ailleurs à celui-ci d'établir son innocence ; mais le législateur ne s'occupe pas de la faute personnelle du préposé. A cet égard, les règles du droit commun s'appliquent. La faute du préposé est exigée (5), la personne civilement responsable peut établir qu'elle n'existe pas. Bien plus, l'ordre normal des preuves, la règle *actori incumbit probatio* reprend ici son empire ; c'est donc à la personne lésée à démontrer la faute du préposé.

Le Tribunal de Liège l'a fort bien dit : « L'article 1384 ne déroge pas aux articles 1382-83 en ce qu'ils imposent à celui qui réclame la réparation d'un dommage l'obligation de prouver une faute à charge de l'auteur du dom-

(1) Fenet, t. XIII, p. 459 et 476.

(2) *Ibid.*

(3) Voy. Cass., 1er mars 1862. S., 1864. 1. 197.

(4) T. XX, n° 588.

(5) Voy. Larombière à l'article 1384, n° 23, et Brux., 30 oct. 1887. *Pas.*, 1888. 2. 32.

mage; il suppose une faute prouvée dans le chef de la personne dont on doit répondre (1). »

La Cour de Liège a décidé dans le même sens : « Attendu que c'est à tort que le demandeur prétend qu'en matière de responsabilité civile il a été dérogé à 1382 par 1384; qu'en effet, telle n'est ni la portée ni la signification de cet article, dont l'unique but est de déroger à la personnalité des fautes et nullement au principe « pas de responsabilité sans faute », qu'il s'ensuit que l'article 1384 suppose nécessairement et pour chacun des cas de responsabilité qu'il prévoit, l'existence de la preuve d'une faute initiale, dont il ne fait que régler les conséquences dommageables (2). »

En effet, la présomption s'attache à la faute du commettant et à elle seule. Telle est également l'opinion de Sourdat : « C'est d'ailleurs à celui qui se prétend lésé de justifier l'accusation; il n'y a lieu de déclarer le maître responsable du fait de ses ouvriers qu'autant que l'imprudence ou la négligence de ceux-ci est prouvée (3). »

Si on prétend que la présomption s'étend à la faute du préposé, elle doit s'étendre à lui avec le caractère absolu qu'elle a pour le commettant; ce serait rendre la présomption exorbitante et écarter complètement la nécessité de la faute.

3° Il y a encore un troisième moyen pour le commettant de s'exonérer. En effet, il n'a pas à répondre des faits commis par ses préposés hors de leurs fonctions (4). Cela résulte du texte lui-même. Ce que nous venons de dire à propos de la faute du préposé est également vrai ici, à savoir que c'est au demandeur que revient l'obligation de prouver que le dommage a eu lieu « pendant les fonctions; » et le défendeur peut lui opposer la preuve contraire. Rien, dans le texte, n'autorise à conclure que le domestique est présumé agir comme préposé, au sens de 1384, du moment qu'il a occasionné un préjudice.

Aussi ne pouvons-nous admettre l'arrêt suivant : « Le domestique, dans la maison de son maître, *étant réputé* agir dans les fonctions auxquelles il est employé, le maître est responsable du dommage résultant de *tous* faits commis chez lui par son domestique... (5). » La loi ignore cette présomption.

Ces restrictions apportées à la présomption légale lui portent-elles atteinte? Non, elles la renferment, au contraire, dans ses véritables limites. En effet, si la présomption de l'arti-

(1) Liège, 26 avril 1890. *Pas.*, 1890. 3. 337.
(2) Liège, 26 juin 1890. *Pas.*, 1891. 2. 47.
(3) *Traité*, n° 904.
(4) Voy. Req., 3 mars 1884. S., 1885. 1. 21.
(5) 30 août 1860. S., 1861. 1. 1013.

cle 1384 est *juris et de jure*, elle ne peut cependant avoir ce caractère que lorsque les conditions auxquelles le législateur l'a soumise se trouvent réunies, c'est-à-dire quand il est établi que l'on se trouve en présence d'un préposé ayant commis un acte illicite dans ses fonctions. S'il n'est pas permis de renverser la présomption établie, il faut cependant que son existence soit justifiée. C'est à celui qui prétend bénéficier de la disposition favorable de la loi, de prouver qu'il se trouve dans les termes de celle-ci.

Si le commettant ne peut se faire mettre hors de cause en prouvant l'absence de faute, il est incontestable, en revanche, qu'il peut exercer un recours contre son préposé.

La présomption absolue que nous sommes forcé de reconnaître dans le texte dont nous nous occupons, trouve-t-elle encore actuellement sa justification ? Nous ne le pensons pas. A notre avis, la présomption est excessive pour autant qu'elle s'écarte du principe qu'il est permis à chacun de s'exonérer en prouvant qu'il est sans faute.

Si toute la matière délictuelle repose sur l'idée de la faute, il importe de s'écarter le moins possible des suites naturelles de ce principe.

Voyons les arguments invoqués en faveur de la présomption absolue, qui nous régit actuellement.

La principale considération est celle-ci : la présomption absolue est nécessaire pour que les maîtres ne choisissent que de bons subordonnés ; en cas d'accident, l'événement prouve à lui seul qu'il y a eu mauvais choix (1). Cette considération se trouve déjà chez Pothier; elle est exposée dans les travaux préparatoires, et elle a été invoquée depuis par les auteurs. C'est encore sur elle que M. Laurent, dans son avant-projet, s'appuie pour maintenir le texte actuel.

Cependant cet argument nous paraît peu probant. Rien n'est plus arbitraire que de dire que le dommage résulte inéluctablement du mauvais choix ; que l'un est la conséquence fatale de l'autre. Le préjudice peut être dû à une simple imprudence, à une étourderie du subordonné ; est-il logique d'en conclure que le commettant a mal exercé son choix ? C'est se mettre en

(1) Laurent, Avant-projet..., Commentaire de l'art. 1134, n° 7.

dehors de la vie réelle. L'homme le plus prudent, le mieux choisi pour la fonction qu'on lui confie, peut se relâcher accidentellement. Est-il donc frustratoire de demander à établir que l'on a suivi toutes les règles de la prudence dans le choix et la direction du subordonné (1)?

Dans bien des cas, ce prétendu choix n'est-il pas illusoire (2)? Et soutiendra-t-on que, sans cette présomption rigoureuse, le maître ne choisira pas de bons domestiques?

Ailleurs, les travaux préparatoires rejettent la preuve contraire, dans le cas qui nous occupe, de peur que la seule non-présence ne suffise à libérer le commettant (3). Mais si l'on examine les décisions de la jurisprudence à l'égard des présomptions *juris tantum* (art. 1384, 2, 5), on se convaincra aisément que jamais la non-présence n'exonère soit le père, soit l'instituteur. Au contraire, la non-présence suppose une faute de la part du maître, puisque par là le devoir de surveillance, qui lui incombe en vertu de sa seule qualité, a été négligé.

M. Pirmez, dans son projet de revision, admet la présomption absolue, tout en combattant la manière dont la plupart des auteurs la justifient.

Voici son raisonnement :

« Quand le maître se fait remplacer par un agent, il lui fait faire certaines choses qu'il devrait faire lui-même ou ne pas faire, s'il n'avait recours à cette substitution. Cet agent, il ne peut, vis-à-vis des tiers, se le substituer qu'à ses risques et périls. Les tiers ont une sécurité dans la position sociale, dans la fortune du maître; celui-ci ne peut la leur enlever en faisant agir d'autres pour lui (4). »

Cet argument, qui nous paraît sérieux, s'écarte cependant du principe de la faute (M. Pirmez le dit expressément), pour arriver à assimiler l'acte non juridique du préposé à celui du commettant, sans possibilité pour ce dernier d'échapper à cette identification.

Nous préférons maintenir ici nettement les principes de la faute et trouver en eux la solution de la question. Il nous semble, au surplus, que l'assimilation proposée par M. Pirmez se-

(1) Voy. Sainctelette, *De la respons. et de la garantie*, p. 122, n° 7 et suiv.
(2) Sainctelette, *De la respons. et de la garantie*, p. 125.
(3) Fenet, t. XIII, p. 476.
(4) Eudore Pirmez, *De la responsabilité*, n° 47. Bruxelles, Hayez, 1888.

rait fort onéreuse pour le commettant. Le seul fait de prendre un subordonné deviendrait une source d'obligations.

Notre intention n'est d'ailleurs pas d'affranchir le maître, par la raison qu'un autre agit. Nous maintenons la présomption légale, avec la seule restriction qu'il doit toujours être permis à chacun de prouver son innocence.

A l'étranger, la responsabilité absolue du commettant est consacrée par le Code des Pays-Bas (art. 1403) et le Code italien (art. 1153). Il en est de même du Code portugais, qui rend le maître solidairement responsable, avec les gens de service, du fait de ces derniers, en ne leur réservant qu'un recours et non le droit de se mettre hors de cause (art. 2380).

Le projet de la commission belge de revision s'est rallié à la même solution (1), adoptée aussi par les projets de MM. Pirmez et Laurent (2).

Malgré les autorités considérables que nous avons contre nous, nous préférons appliquer aux commettants la présomption *juris tantum*. L'idée de la faute dominant toute la matière délictuelle, il nous semble logique de rattacher à cette idée toutes les dispositions de cette matière ; dès lors, notre solution nous semble plus juridique.

Certes, une certaine présomption de faute contre les commettants se justifie. Il est juste que le maître à qui incombent le choix et la surveillance du subordonné soit, en cas de dommage, supposé avoir manqué à ses devoirs ; cela est équitable, puisque c'est le maître qui surveille le travail dont il profite d'ailleurs. Mais de là à établir une présomption inébranlable, il y a une distance que nous ne voulons pas franchir. — Il doit toujours être permis de se disculper, si l'on base la responsabilité sur l'idée de faute, ainsi que nous le faisons ; nul ne doit être tenu de supporter les conséquences d'un fait qui lui est étranger au point de vue de la faute. Nous ne comprenons le refus, de la part du législateur, de permettre une preuve, qu'alors seulement que cette preuve viendrait porter atteinte à l'ordre public ou aux bonnes mœurs, ou serait frustratoire et inutile. Et nous ne sommes pas dans cette hypothèse.

(1) Voy. Rapport par M. van Biervliet, p. 8.
(2) Projet Pirmez, art. VI. Avant-projet Laurent, art. 1134.

La théorie que nous professons se trouve inscrite dans le Code espagnol (art. 1903) et le Code suisse (art. 62). Il en est de même du deuxième projet de Code civil allemand, dont l'article 754 est ainsi conçu : « En cas de préposition, le commettant est responsable du dommage causé dans l'accomplissement des fonctions. Cette responsabilité n'existe pas lorsque, dans le choix, dans les instructions et la surveillance, dans la conduite des travaux le maître a été attentif; ou bien si le dommage fût quand même arrivé.

» Cette responsabilité concerne celui qui remplace le maître dans le soin d'un de ces travaux. »

Enfin, la troisième section de la Commission belge de revision avait également proposé, à l'égard des commettants, la simple présomption *juris tantum*. Voici les excellentes raisons qu'elle faisait valoir en ce sens : « Une présomption absolue de faute n'impliquerait-elle pas une criante injustice ? A qui est sans faute, et qui le prouve, on ne peut imposer aucune responsabilité, et l'on ne peut dénier à personne le droit de prouver qu'il est sans faute. Il convient, sans doute, que le maître et le commettant soient déclarés responsables du fait de leurs domestiques et de leurs préposés, à raison de l'autorité qu'ils exercent sur eux, et parce qu'ils doivent être prudents dans le choix des personnes ainsi que dans la détermination et la surveillance des fonctions auxquelles ils les emploient. Mais, à peine de blesser l'équité naturelle, il faut admettre aussi que, s'ils ont été prudents, s'ils n'ont rien omis des soins qui leur incombent et, s'ils prouvent tout cela, ils ne peuvent être déclarés responsables. Leur imposer, dans ce cas, une responsabilité quelconque, ce serait, finalement, ériger en délit ou quasi-délit le fait d'avoir un domestique ou un ouvrier (1). »

Telle est aussi notre opinion.

§ 3. — *Des accidents du travail.*

L'étude de la preuve dans la matière de la responsabilité civile nous amène naturellement à dire quelques mots d'une question dans laquelle le point de savoir à qui incombe le fardeau de la preuve joue un rôle d'une importance exceptionnelle, à savoir la question des accidents du travail. Ce sujet peut, à bon droit, être abordé dans une étude consacrée à la responsabilité délictuelle. En effet, une jurisprudence, constante en France, très fournie en Belgique, décide que les accidents du travail forment un cas d'application des articles 1382 et suivants.

La haute importance, le puissant intérêt de cette question n'a plus besoin d'être mis en évidence, tous les travaux qui en traitent le font ressortir. Il est manifeste que notre droit civil

(1) Rapport van Biervliet, p. 9.

ne satisfait plus *aux exigences* nouvelles que les progrès de l'industrie, munie d'un mécanisme d'une puissance effrayante, ont entraînées. La crise démocratique, qui sévit si intense, donne un caractère spécialement urgent aux modifications qui sont impérieusement exigées par la situation présente.

Hâtons-nous d'ajouter que notre but, ici, n'est pas de traiter *ex professo* la question si compliquée et si étendue des accidents du travail, ni d'examiner toutes les solutions préconisées tant en droit civil qu'en droit public, à l'effet d'améliorer la position de l'ouvrier s'il est blessé, ou de sa famille s'il est tué pendant son ouvrage. Pareille étude, qui comprendrait, parmi bien d'autres sujets, l'examen de la théorie du risque professionnel, des assurances, avec les difficultés auxquelles ces questions donnent lieu, nous mènerait trop loin, et ne rentre d'ailleurs pas dans le cadre que nous nous sommes tracé.

Aussi, laissant au présent examen son caractère d'application au chapitre de la preuve, nous bornerons-nous à examiner une seule question, à savoir : Dans le droit actuel, auquel des deux, du patron ou de l'ouvrier, incombe la preuve de la cause de l'accident? Pour le surplus, nous nous contenterons de jeter un coup d'œil sur quelques réformes de droit civil proposées en Belgique à ce sujet, sans entrer, d'ailleurs, dans le détail de la discussion et de l'organisation du système qui donnerait la solution la plus heureuse aux intérêts du capital et du travail respectivement engagés dans le débat.

DROIT ACTUEL.

Si nous examinons l'importance juridique accordée aux accidents du travail, nous remarquons la brusque actualité qu'ils ont acquise, il y a environ dix ans, après les remarquables travaux sur la matière, dus à M. Sainctelette, ministre d'Etat en Belgique, et à M. Marc Sauzet, en France (1).

Avant cette époque, la question, non soulevée en doctrine, était uniformément résolue en jurisprudence par l'application des articles 1382 et suivants.

(1) Sainctelette, *De la responsabilité et de la garantie.* Bruxelles, Bruylant-Christophe, 1884. — M. Sauzet, *Responsabilité des patrons envers les ouvriers* (*Revue critique de législat. et de jurisprudence*). 1883.

Cette situation s'est complètement modifiée après les travaux que nous venons de citer. Des principes bien divers, dont on a fait découler des conséquences en différents sens, ont été invoqués à l'effet de régir les accidents du travail. La cause de cette controverse se trouve dans l'absence de texte, soit dans le code, soit dans une loi belge spéciale, qui règle d'une manière explicite les conséquences de l'accident survenu à l'ouvrier au cours de son travail.

Aussi le point de savoir à quels principes de droit civil il importe de recourir est-il vivement discuté.

La réparation de l'accident du travail est-elle régie par les articles 1382 et suivants. Y a-t-il responsabilité délictuelle? Ou bien y a-t-il responsabilité contractuelle? Est-il vrai que la position respective du patron et de l'ouvrier engendre des obligations conventionnelles qui puissent être invoquées au cas d'accident? Dans chacune de ces solutions, à qui incombe le devoir d'établir la cause de l'accident? Tels sont les points importants du débat.

Examinons successivement les différentes opinions qui ont été soutenues.

1. — Une première opinion, qualifiée à cause de sa constance de théorie traditionnelle, fonde la réparation des accidents du travail sur le principe de l'article 1382 : « Tout fait quelconque de l'homme, qui cause à autrui du dommage, oblige celui par la faute duquel il est arrivé à le réparer. » — La jurisprudence française (1) et une grande partie de la jurisprudence belge (2) sont restées fidèles à ce principe. Dans ce système, le contrat de louage n'a aucune influence sur la responsabilité que le patron peut encourir. C'est ce qui a été décidé par la Cour d'appel de Liège le 18 juin 1885 :

« Attendu que les maîtres ont incontestablement le devoir de veiller à la sécurité de leurs ouvriers...

» Mais, attendu que cette obligation ne dérive pas du contrat de louage

(1) Lyon, 13 déc. 1854. D. P., 1855. 2. 86. — 8 janvier 1875. S., 1875. 1. 204. — Aix, 10 janvier 1877. S., 1877. 2. 336. — Caen, 25 juillet 1881. S., 1882. 2. 76. — 31 mai-4 août 1886. S., 1887. 1. 169 et 209. — Moulins, 8 janvier 1887. S., 1887. 2. 173. — Req., 6 mars 1888. S., 1888. 1. 267. — Orléans, 20 décembre 1888. S., 1890. 2. 14.

(2) Brux., 2 nov. 1885. *Pas.*, 1885. 2. 414. — Br., 12 nov. 1885. *Pas.*, 1886. 2. 33. — Br., 10 février 1887. *Pas.*, 1887. 2. 253. — Br., 11 janvier 1890. *Pas*, 1890. 2. 118. — Liège, 24 décembre 1890. *Pas.*, 1891. 3. 135. — Civ. Liège, 3 mars 1894. *J. T.*, 1894. 836.

avenu entre eux; qu'elle n'est pas notamment la conséquence du droit qu'ont les maîtres de commander à leurs ouvriers, droit qui, au surplus, est dépourvu de sanction légale; qu'elle résulte, au contraire, des principes généraux de responsabilité établis par les articles 1382 et suiv. du C. c. (1). »

La décision suivante n'est pas moins catégorique : « Attendu que l'obligation du maître de prendre les précautions dictées par l'expérience et la science dérive exclusivement des articles 1382 et suiv., que l'obligation inscrite dans ces articles existe aussi bien quand il n'y a pas contrat que quand il y a contrat; que le contrat de louage n'a effet sur la responsabilité du patron qu'en déterminant la situation de fait à laquelle s'appliqueront lesdits articles; qu'ainsi la responsabilité du patron n'est qu'une conséquence accidentelle et indirecte du contrat et a sa cause juridique exclusivement dans 1382 et suiv. (2). »

Dans son réquisitoire du 8 janvier 1886, M. le procureur général Mesdach de ter Kiele a également émis, devant la Cour de cassation belge, l'avis que le recours aux articles 1382 et suivants était nécessaire pour donner une solution à la question des accidents du travail (3).

La conséquence nécessaire de la théorie fondée sur les articles 1382 et suivants, très défavorable à l'ouvrier, est que le demandeur doit prouver la faute pour avoir droit à dommages-intérêts.

D'autres auteurs, tout en partant des principes délictuels, ont cru arriver, dans la majorité des cas d'accident, à une solution plus satisfaisante (4). Le fondement de cette solution se trouve dans l'érection en présomption de la responsabilité que l'on peut encourir à raison de choses inanimées (5). La jurisprudence n'a pas consacré ce système.

Nous ne pouvons admettre ces doctrines qui fondent exclusivement la réparation de l'accident du travail sur les articles 1382 et suivants. Il est impossible de méconnaître que la surveillance spéciale, les soins attentifs que doit le patron n'aient pour origine le contrat et n'entraînent à leur suite une responsabilité de même nature. Aussi, la jurisprudence que nous avons vue considère fréquemment comme faute imputable au patron un fait qui, juridiquement, ne peut rentrer dans les

(1) *Pas.*, 1885. 2. 327.

(2) Brux., 2 avril 1892. *Pas.*, 1892. 3. 214 et 297.

(3) 8 janvier 1886. *Pas*, 1886. 1. 38.

(4) Laurent, *Principes*, t. XX. — P. Staes, *Des accidents du travail*, p. 20. Larcier, Brux., 1889.

(5) Nous avons rejeté cette théorie dans le droit actuel, nous n'y reviendrons plus.

obligations civiles que se doivent des hommes étrangers entre eux. Il en est ainsi de l'obligation imposée au patron de prémunir ses ouvriers contre leurs propres imprudences. Seul le contrat peut justifier cette rigueur (1).

Voici comment M. Cotelle s'exprime à cet égard : « Que des arrêts aient fait dériver cette obligation (de veiller à la sécurité de l'ouvrier) des articles 1382 et suiv. du C. c., au lieu de la fonder, comme nous venons de le faire, sur l'article 1135 et sur la bonne foi qui préside à tous les contrats, c'est une erreur que M. le professeur Labbé relève avec grande raison ; car vis-à-vis des personnes avec lesquelles on n'a contracté aucun lien de droit, on n'est astreint à rien de plus qu'à ne pas leur nuire, *neminem lædere*. Le devoir d'assister nos semblables, d'agir suivant nos forces de manière à leur venir en aide, de manière à les préserver du mal qui les menace, ne nous est pas imposé dans le for extérieur..., mais seulement dans le for intérieur.

» Si donc les patrons sont tenus de protéger leurs ouvriers dans le travail et d'éloigner d'eux toute chance d'accident, ce ne peut être qu'une obligation contractuelle, ayant son principe dans l'interprétation du traité qui a été passé entre le patron et l'ouvrier (2). »

Au surplus, l'argument invoqué par certains auteurs pour justifier le rejet des règles contractuelles, et qui consiste à dire que le tiers, le passant doit jouir de la même situation que le contractant, cet argument nous paraît faux. Il est parfaitement logique, au contraire, que le contrat donne naissance à des obligations spéciales différentes des devoirs généraux que les hommes se doivent tous entre eux. S'il est vrai, comme l'objecte M. Staes (3), que le contrat ne vient rien ajouter à ce que la loi accordait déjà sous le rapport de la preuve, il importe d'ajouter que ce n'est pas un motif de refuser l'application des principes réclamés par la matière.

2. — Aussi un certain nombre d'auteurs et une partie de la jurisprudence ont-ils reconnu le caractère contractuel de la responsabilité encourue pour les accidents du travail. Mais les conséquences qui ont été tirées de ce point de départ unique sont fort diverses. Deux opinions diamétralement opposées sont professées.

D'après la première opinion, le patron, obligé par le contrat

(1) Nous faisons abstraction du caractère punissable du fait ; à ce point de vue, en effet, tout accident du travail entraîne une obligation délictuelle (nous le verrons plus loin) ; ici nous ne parlons pas de ce point de vue qui n'est pas pris en considération par les partisans de la théorie dont nous nous occupons.

(2) Voy. *Revue pratique*, 1884, p. 530 (Paris).

(3) *Des accidents du travail*, p. 10.

qui le lie à l'ouvrier à garantir la sécurité de celui-ci, est déclaré responsable des accidents, à moins qu'il ne prouve que l'accident est dû à une cause qui ne lui est pas imputable.

Cette théorie est soutenue en France par MM. Sauzet (1), Labbé (2), Pascaud (3), Demangeat (4). M. Sainctelette s'en est fait le défenseur opiniâtre en Belgique (5).

Voici, en peu de lignes, le raisonnement de M. Sainctelette : « Les rapports entre employeurs et employés sont contractuels. De droit naturel, le louage d'ouvrage acquiert à ceux qui engagent les services d'autrui une autorité, oblige ceux qui engagent leurs services à une obéissance, soumet les premiers à une responsabilité. Puisque cette autorité est contractuelle et qu'elle a pour corrélatif la responsabilité, celle-ci aussi est contractuelle ou plutôt c'est de la garantie. D'autre part, la formule de l'article 1710 doit être complétée par les règles générales du contrat. Or, en matière de contrats, la preuve des dommages-intérêts se fait d'une façon inverse à la manière suivie en matière d'obligations créées par la loi. La règle générale est énoncée par les articles 1147, 1302 § 3, 1315 § 2, C. c. L'article 1147, qui met la preuve à charge du patron, vrai pour les autres contrats, peut-il être faux dans le contrat de louage ? Il y a ici la même raison de décider que dans le contrat de transport. La garantie due par le patron est égale à l'autorité que l'ouvrier lui reconnaît. Le patron est garant de la sûreté de l'ouvrage et du chef de l'ouvrage. Dans ce système, les accidents sans cause connue incombent au patron, ce qui est juste ; car il a toutes les facilités de fournir la preuve. La garantie ne doit pas être spécifiée. S'il est vrai que le cas fortuit n'incombe pas au patron, il ne s'ensuit pas que l'ouvrier doive prouver qu'il n'y a pas cas fortuit, il suffit au créancier d'avoir un titre conçu en termes si généraux que toutes les fautes possibles y rentrent. »

Ces quelques extraits des ouvrages de M. Sainctelette sur la

(1) *Revue critique*, 1883, p. 616, n°s 35 et suiv.

(2) Notes du Sirey, 1885. 4. 25. — 1886. 4. 25 et renvois.

(3) *Revue pratique*, t. LV, p. 380.

(4) Demangeat, *Revue pratique*, t. LV, p. 556.

(5) Sainctelette, *De la responsabilité et de la garantie*; « la jurisprudence qui s'approche et la jurisprudence qui s'éloigne ; » — « Projet d'une proposition de loi. »

matière des accidents du travail, suffisent à caractériser son système.

La jurisprudence s'est montrée peu favorable à cette théorie nouvelle; seules quelques rares décisions l'ont consacrée en Belgique (1).

L'ouvrier est-il créancier de sécurité? Le patron doit-il lui garantir de le rendre indemne? Tel est le point de discussion de la théorie Sainctelette. Si l'on admet l'affirmative, la conclusion de l'auteur est vraie; sinon, elle est fausse.

Quelle est, en effet, la portée de l'interversion de la preuve consacrée par l'article 1147? L'article 1147 impose au débiteur la charge de prouver que l'inexécution de l'obligation provient d'une cause qui ne peut lui être imputée. Il en résulte, et ce point est important, que l'article en question suppose le fait même de l'inexécution établi par le créancier (2). M. Sainctelette le reconnaît : « Celui qui prétend exercer une garantie doit prouver : 1° qu'un contrat existe.....; 2° que ce contrat n'est pas exécuté : 3° qu'un dommage résulte de cette inexécution (3). » Ailleurs, il dit encore : « Il faudra d'abord prouver l'existence et l'*inexécution* soit de la loi, soit du contrat. »

Voici comment s'exprimait M. l'avocat général Bosch, dans le réquisitoire prononcé le 28 mars 1889 à la Cour suprême de Belgique, à propos de la preuve en matière d'accidents du travail : « Il ne s'agit pas ici d'exécution du contrat; il s'agit de dommages-intérêts réclamés pour cause d'inexécution : l'action se base donc sur deux éléments : le contrat, l'inexécution du contrat alléguée par l'ouvrier; les deux éléments font naître l'obligation à des dommages-intérêts. Or, c'est à celui qui réclame l'exécution d'une obligation, à la prouver (4). »

Concluons. L'article 1147 n'a qu'un but : mettre la preuve de la faute à charge de celui qui veut se libérer, lorsqu'il est établi qu'il y a inexécution.

Faisons maintenant l'application de cet article au contrat de louage.

Ou bien le patron ne doit à l'ouvrier que des soins attentifs

(1) Brux., 25-28 avril 1885. *Pas.*, 1885. 3. 175. — Brux., 20 déc. 1884. *Pas.*, 1885. 3. 179 et note. — Charleroi, 16 juill. 1885. *Pas.*, 1886. 3. 51. — Gand, 18 juin 1887. S., 1889. 4. 1. — *Adde* : Cour supérieure de Luxembourg, 27 nov. 1884. *Le droit*, 24 oct. 1885.

(2) Voy. Cass., 8 janv. 1886. *Pas.*, 1886. 1 38.

(3) *De la responsabilité et de la garantie*, p. 27, n° 18.

(4) *Pas.*, 1889. 1. 161.

en vue d'assurer sa sécurité, et il n'est pas garant au sens strict du mot, et alors un accident survenu pendant le travail n'établit en rien l'inexécution de l'obligation du patron, il n'y a aucune relation nécessaire entre l'accident et l'obligation ; en prouvant le fait de l'accident, l'ouvrier ne se trouve pas dans les termes de l'article 1147. Ou bien, au contraire, le patron est débiteur de sécurité; et alors la conclusion de Sainctelette est irréprochable. Si le patron a assumé l'obligation de rendre l'ouvrier indemne après le travail et que celui-ci est blessé, il y a, par là même, inexécution de l'obligation, partant application de l'article 1147.

Reste donc à savoir si, en vertu des principes de notre droit, le patron est établi garant de sécurité (1). Nous ne saurions l'admettre. Pour que le patron fût débiteur de sécurité, il faudrait que cette situation résultât des règles du C. c. sur la matière du contrat de louage (1710) ou des règles générales en matière de contrats.

Or, la garantie n'est pas essentielle au contrat de louage, elle n'en est pas même une suite naturelle (2).

Et quels articles de la matière des obligations conventionnelles en général peut-on invoquer pour prouver cette qualité de garant? L'article 1160 en fournit-il la base? Mais il ne viendra à l'esprit de personne de soutenir qu'il est d'usage, dans l'état actuel de notre industrie, de garantir la sécurité à l'ouvrier.

Est-ce alors l'article 1156? Nous pensons qu'il serait malaisé d'établir la commune intention des parties en ce qui concerne cette obligation.

Reste l'article 1135 : « Les conventions obligent non seulement à ce qui s'y trouve exprimé, mais encore à toutes les suites que l'équité, l'usage et la loi donnent à l'obligation d'après sa nature. » Quelle obligation, vis-à-vis de la personne de l'ouvrier, la nature du contrat de louage fait-elle assumer au patron? Il paraît impossible, en l'absence de texte formel à cet égard, d'exiger plus de celui-ci que des soins at-

(1) Voy. en ce sens Brux., 25-28 avril 1885. *Pas.*, 1885. 3. 75.

(2) Voy. Cass. belge, 8 janv. 1886 et 28 mai 1889. Sirey, 1886. 4. 25; *Pas.*, 1889. 1. 161.

tentifs ; il est exorbitant de le transformer en débiteur de sécurité, la nature du contrat en lui-même n'entraîne pas cette conséquence. Si nous admettons l'équité d'un changement à la situation actuelle de l'ouvrier vis-à-vis du patron en cas d'accident, ce n'est pas que ce changement doive résulter de la nature du contrat, ce sont les conditions de fait dans lesquelles s'effectue le travail industriel, qui, en bonne équité, exigent une législation plus favorable à l'ouvrier.

Il résulte de ce que nous avons dit que le fait de l'accident ne prouve pas l'inexécution de l'obligation du patron. M. Labbé nous objecte qu' : Une faute est constante, le défaut de soins en vue de la sécurité de l'ouvrier (1). » Nous nous demandons en vain en quoi la preuve de ce défaut de soins résulte de l'accident. Celui-ci peut s'être produit, bien que le patron ait parfaitement rempli son obligation.

« Il y a, ajoute M. Labbé (2), une violation du contrat d'un côté et une blessure de l'autre, qui restent sans réparation. » Nous répondons qu'il s'agit précisément de savoir s'il y a violation du contrat; le fait de la blessure de l'ouvrier ne le démontre pas; or, ce point doit être hors de conteste pour que l'ouvrier n'ait plus rien à prouver.

On fait encore valoir, en faveur de l'interversion de la preuve, l'identité qui doit régner entre le contrat de louage et le contrat de transport (3).

« Nous ne savons pas plus ici, dit à ce sujet M. Labbé, si le patron a diligemment surveillé l'ouvrier, que tantôt nous ne savions si le voiturier a diligemment surveillé la chose pendant le voyage (4). » Après ce que nous avons dit, il est manifeste que ces deux cas ont une situation toute différente (5). Le voiturier s'engage, non seulement à surveiller, mais à faire parvenir effectivement d'un endroit à un autre ce qui lui est confié; le patron, pour sa part, se borne à promettre des soins vigilants; un accident, dans la première

(1) Note Sirey, 1889. 4. 1.

(2) Sirey, 1889. 4. 1.

(3) Sainctelette, voy. le *Mémoire pour servir de note en cassation à Mme veuve Desilter*.

(4) Sirey, 1886. 4. 25 (note).

(5) Voy. en ce sens le rapport de M. Dejace, *Congrès international des accidents du travail*. Paris, 1889. Gruner, t. I, p. 379.

espèce, établit l'inexécution du contrat, il n'en est pas de même dans la seconde espèce.

Aussi, à notre avis, l'adoption des règles contractuelles, à l'effet de résoudre la question des accidents du travail, n'entraîne-t-elle aucune conséquence favorable à l'ouvrier relativement à la preuve.

Telle est d'ailleurs, en France, l'opinion d'hommes compétents, parmi lesquels nous pouvons citer Cotelle (1), Glasson (2), Planiol (3). Une partie de la jurisprudence belge a consacré la même solution (4).

Voici en quels termes M. Planiol justifie l'opinion qu'il a adoptée : « Il ne faut pas confondre l'obligation de donner un corps certain avec l'obligation de faire. Celui qui doit donner ou rendre un corps certain, tant qu'il ne l'a pas fait, reste sous le coup de la dette, sauf à lui à prouver qu'il est libéré par un cas fortuit. Il en est autrement de l'obligation de faire. Le patron doit prendre tous les soins possibles pour la sécurité de l'ouvrier. Ce dernier est blessé par un accident? Le patron doit-il une indemnité par cela seul qu'il ne démontre pas avoir pris tous les soins possibles, avoir diligemment aménagé l'atelier? Non; car il n'y a aucun lien nécessaire entre l'absence de soins et l'accident. Le maître n'a pas pris les mesures de précaution utiles, il doit une indemnité, soit; mais pourquoi l'indemnité qu'il doit serait-elle égale au dommage éprouvé de l'accident? Il n'est pas établi que si les précautions avaient été prises, l'accident ne serait pas arrivé.

» Il faudrait que le législateur eût érigé en présomption que, dans les ateliers mal organisés, mal tenus, les accidents sont imputables à faute au patron; qu'ils sont réputés provenir de la négligence du patron. Or, cette présomption légale n'est pas inscrite dans la loi (5). »

La question des accidents du travail donne encore lieu à une autre difficulté pour les partisans de la responsabilité contractuelle. Si le patron, par le fait du contrat, encourt une responsabilité spéciale, celle-ci a-t-elle pour résultat d'empêcher nécessairement l'application des règles délictuelles?

Certaines décisions de notre jurisprudence sont en ce sens (6).

(1) *Revue pratique*, t. LV, p. 529.

(2) Glasson, *Le Code civil et la question ouvrière* dans les *Trav. de l'Académie des sciences morales et politiques*, 1886, p. 864.

(3) Planiol, *Revue critique*, 1888, p. 282.

(4) Brux., 7 août 1884. *Pas.*, 1884. 2. 374. — 8 janvier 1886. S., 1886. 4. 25 et note. — Louvain, 22 mai 1886. *Belg. J.*, 1886. 1083. — Gand, 15 juin 1887. *Pas.*, 1888. 2. 54. — Namur, 12 janv. 1886. *Pas.*, 1887. 3. 272. — Brux., 20 juin 1889. *Pas.*, 1889. 3. 279. — Cass., 28 mars 1889. *Pas.*, 1889. 1. 161. — Gand, 26 mai 1891. *Pas.*, 1891. 2. 356.

(5) Note Sirey, 1889. 4. 1.

(6) Brux., 3 déc. 1884. *Pas.*, 1885. 2. 85. — Termonde, 11 décembre 1886 et

D'autres décisions, au contraire, laissent subsister, à côté de l'action contractuelle, le recours à l'action plus générale assurée par les articles 1382 et suivants (1).

Jugé en ce sens : « Attendu que quand le maître fait exécuter par l'ouvrier un travail périlleux, ou lui met en mains des outils dont le maniement est dangereux, *l'article 1382 combiné avec l'article 1135* lui fait un devoir de prendre toutes les précautions que commande la prudence ; que s'il les néglige, il assume l'obligation de réparer (2). » Voici les raisons qui, dans le réquisitoire précédant l'arrêt que nous venons de citer, ont déterminé M. l'avocat général Bosch à soutenir la solution adoptée ensuite par la Cour : « Les obligations que la loi établit entre tous les hommes, même en l'absence de contrat, viennent-elles à disparaître du jour où un contrat se forme entre deux ou plusieurs d'entre eux ?

» Aucun principe de droit ne dit cela. Il faut tenir pour certain que lorsqu'une faute est en même temps l'inexécution d'un contrat, la victime a une double action, 1382 et le contrat...

» Il est rationnel, au surplus, de faire état, pour apprécier les suites que l'équité peut attacher à un contrat, de toutes les obligations légales préexistantes et d'examiner si ces obligations légales ne répondent pas déjà d'une façon complète à ce que l'équité exige.

» Le pourvoi oublie, d'ailleurs, en raisonnant comme il le fait, qu'aux termes de l'article 1135 les conventions obligent aux suites que leur donne l'équité, mais aussi à celles que leur donne la loi. Or il est indéniable que si l'obligation du patron de veiller à la sécurité peut être regardée comme une suite d'équité, les rapports de fait que l'exécution du louage entraîne sont soumis à l'application des articles 1382 et suivants, application qui devient ainsi, par la force des choses, une des conséquences légales du contrat... »

Cette question de savoir si un même fait dommageable peut entraîner le recours facultatif soit à l'action contractuelle, soit à l'action délictuelle, a déjà été examinée à différentes occasions dans ce travail. Rien ne s'oppose, avons-nous dit, à ce qu'il en soit ainsi. Voici les motifs qui nous amènent à le décider pour les accidents du travail : Lorsqu'un même fait révèle à la fois une faute contractuelle et une faute délictuelle, l'une de ces fautes ne doit pas nécessairement disparaître devant l'autre. Or il y a faute contractuelle, de la part du patron, dans l'omission des soins vigilants qu'il doit, dans le fait de ne pas prémunir les ouvriers contre les dangers du travail; ces obli-

Namur, 12 janvier 1886. *Pas.*, 1887. 3. 160 et 272. — Brux., 14 mai 1890. *Pas.*, 1890. 2. 408. — Gand, 18 juin 1887. *Pas.*, 1888. 2. 54. — Gand, 16 févr. 1889. *Pas.*, 1889. 2. 200.

(1) Brux., 3 mai 1884. *B. J.*, 1885, p. 2. — Voy. note *Pas.*, 1885. 3. 175. — Liège, 24 déc. 1890. *Pas.*, 1892. 3. 135. — Gand, 26 mai 1891. *Pas.*, 1891. 2. 356.

(2) 28 mars 1889. *Pas.*, 1889. 1. 161.

gations ont leur source dans la convention. Mais il y a aussi faute délictuelle, dans le chef du patron, chaque fois que, par sa faute, il porte atteinte à la personne de ses ouvriers. D'une part, en effet, l'article 418 du Code pénal belge punit tout homicide, toute blessure causés par une faute quelque minime qu'elle soit; d'autre part, toute infraction à la loi pénale constitue un délit ou quasi-délit civil, pourvu naturellement qu'il y ait dommage (1). Donc l'accident du travail, imputable au patron, rentre dans les termes des articles 1382 et suivants.

Et cela est conforme à la logique : le droit à la vie, à l'intégrité de la personne est un droit primordial, supérieur au contrat.

Bref la victime d'un accident du travail a un choix à exercer entre deux actions, dont l'une comme l'autre a l'inconvénient de lui laisser le fardeau de la preuve.

Telle est la situation faite par la législation actuelle.

RÉFORMES PROPOSÉES.

Les inconvénients de cette législation sont manifestes, ils ont été maintes fois mis en lumière.

« Lenteurs de la procédure, d'autant plus douloureuses pour la victime ou pour sa famille que la misère est assise au foyer domestique; difficulté de la preuve imposée à l'ouvrier dans un milieu mobile, où l'état des lieux est le plus souvent bouleversé, où les témoins se déplacent rapidement; impossibilité fréquente pour lui de préciser les responsabilités, soit que le fait générateur de l'accident reste inconnu, soit qu'il s'agisse d'un cas fortuit ou d'un cas de force majeure; diversité choquante des indemnités abandonnées à l'arbitraire du juge, alors qu'on se trouve en présence de sinistres identiques; tels sont les principaux griefs que l'on articule (2). »

Le cas douteux et le cas fortuit prouvé sont exclusivement supportés par l'ouvrier.

Le nombre et l'importance des travaux sur la matière, les essais de réforme proposés dans les différents pays d'Europe, la jurisprudence elle-même, obligée de recourir à des solutions désirables mais peu en harmonie avec le droit strict (3), prouvent l'opportunité d'un changement immédiat.

(1) Voy. ce que nous avons dit à cet égard au commencement du travail.

(2) Voy. *Avant-projet de loi sur le contrat de louage des ouvriers et des domestiques* élaboré par une commission nommée par le gouvernement belge (Bruxelles, Goemare, 1892). Voy. Rapport de M. Dejace, p. 316.

(3) Telle l'obligation de prémunir les ouvriers contre leurs propres impru-

Tous sont d'accord à proclamer la nécessité de dispositions nouvelles. Mais quel doit être le caractère de la loi future? A ce sujet, il y a les plus grandes divergences d'opinion. La solution de la question doit-elle être cherchée dans le droit civil ou dans le droit public? Faut-il recourir aux principes de la responsabilité ou à ceux de l'assurance?

A notre avis, ni l'une ni l'autre de ces solutions ne doit prévaloir exclusivement. Nous pensons, comme l'ont dit des auteurs très compétents (1), que l'assurance est excellente pour parer à l'inévitable, mais qu'on ne peut en dénaturer absolument la substance en lui demandant d'affranchir des conséquences de toute faute. Elle ne peut, à notre avis, exonérer de la faute lourde et du dol.

Certains projets (2) vont plus loin; ils ne soustraient à l'application de l'assurance que la faute intentionnelle. La même solution a été préconisée en Belgique sous prétexte que la responsabilité ne peut subsister à côté de l'assurance (3). Cela nous semble faux. Les principes du droit civil doivent dominer le système des assurances; il importe que ces principes soient établis pour pouvoir élaborer une bonne loi d'assurance. La loi d'assurance, d'ailleurs, ne suffit pas à elle seule; beaucoup d'accidents ne recevraient pas une solution satisfaisante (4).

Pour le surplus, la matière de l'assurance ne rentrant pas dans le droit civil, nous n'y insisterons pas davantage. Nous nous bornerons, nous l'avons déjà dit, à indiquer quelques réformes préconisées en Belgique.

Et d'abord, la solution à intervenir doit-elle rentrer dans le cadre du Code civil ou bien est-il préférable d'en faire l'objet d'une loi spéciale? La deuxième solution nous paraît préféra-

dences qu'il nous paraît impossible de rattacher aux obligations générales imposées par l'article 1382. Voy. Amiens, 15 nov. 1883. Paris, 29 mars 1883. S., 1884. 2..6 et 90.

(1) Sainctelette; Pirmez, *De la respons.*, n° 66; Dejace. Rapport cité p. 323.

(2) Art 1er projet français, 29 nov. 1887. Voté à la Chambre, 10 juillet 1888.

(3) *De la réparation des accidents du travail en Belgique*. Liège, Vaillant, 1892.

(4) Tous les membres de la commission gouvernementale belge instituée à l'effet d'élaborer un projet de loi sur le contrat de louage, à l'exception de M. Prins, étaient adversaires du système de l'assurance obligatoire à l'effet de régler les accidents du travail.

ble. La situation de l'industrie exige une loi complète et détaillée qui ne rentrerait pas bien dans les dispositions forcément générales du Code civil. Tel a été aussi le sentiment de la commission de revision du Code civil. « La commission a voté, à l'unanimité, la proposition suivante : il y a lieu de faire, en dehors du Code civil, une législation spéciale sur les accidents du travail industriel (1). »

A quels principes du droit faut-il rattacher le texte qu'il importe d'introduire?

M. Laurent, dans son avant-projet de revision du Code civil (art. 1137), tranche la question au moyen de la présomption qu'il admet à l'égard des choses inanimées. Cette présomption, dont nous avons admis l'opportunité, est insuffisante ici ; tous les accidents possibles n'y rentrent pas ; de plus, la situation très différente du contractant et du tiers légitime l'existence de règles de droit diverses.

M. Pirmez également base la réparation des accidents du travail sur les articles 1382 et suiv. (2). Le principe des articles 1382 et suiv., dit-il, doit être inscrit dans le texte futur. Ce principe est que « chacun est obligé d'agir de manière à ne pas nuire au droit d'autrui. » Ce principe posé, il en résulte une distinction parmi les actes sujets à réparation : « Placer, d'une part, les actes qui, par eux-mêmes, lèsent le droit d'autrui, d'autre part, ceux qui, licites en soi, ne le blessent que par un concours de circonstances ; reconnaître les premiers comme fondement suffisant d'une demande en réparation, sous réserve de la preuve du cas fortuit ; déclarer les seconds impuissants à justifier l'action aussi longtemps qu'il n'est pas prouvé que, quoique licites, ils ont violé l'obligation légale d'agir de manière à ne pas léser le droit d'autrui, telle est la distinction de la raison et de l'équité. »

Nous croyons que les objections qui ont été faites à ce système sont parfaitement justifiées. En effet, ce classement sera malaisé ; il faudra examiner dans chaque cas les circonstances du fait qui seules permettent de caractériser l'acte. Et n'est-ce pas là revenir, par une voie détournée, à l'ordre actuel des preuves? D'ailleurs, l'interversion n'a pas lieu précisément alors qu'elle présenterait de l'utilité. En effet, dans le cas où M. Pirmez l'admet, la preuve du fait épuise aussi la preuve de la faute (3).

(1) Rapport van Biervliet, note 19, p. 7.

(2) *Projet de revision des art. 1382 à 1386.* M. Pirmez prétend d'ailleurs que la solution qu'il préconise est déjà celle du droit actuel.

(3) Rapport de M. Dejace, p. 320-321.

A tous égards, il nous paraît plus juridique de baser l'action en réparation des accidents du travail sur le contrat qui lie le patron à l'ouvrier. Sur cette base s'appuient la proposition de loi de M. Sainctelette (1) et l'avant-projet de loi sur le contrat de louage des ouvriers et des domestiques élaboré par une commission gouvernementale belge (2).

La proposition de M. Sainctelette tend à consacrer dans un texte explicite la théorie qui, d'après lui, est déjà celle du droit actuel. Les dommages-intérêts sont dus par le patron, à moins qu'il n'établisse que le dommage provient d'une cause qui lui est étrangère.

Ce système a l'inconvénient de laisser le cas fortuit démontré à charge de celui qui en souffre, de l'ouvrier par conséquent. D'autre part, il est fort onéreux pour le patron qui, s'il ne parvient à faire la preuve qu'il n'a rien à se reprocher, doit fournir à l'ouvrier une réparation complète, non légalement limitée. Ce système l'emporte cependant de beaucoup sur ceux que nous avons examinés précédemment.

Mais nous lui préférons l'idée générale qui domine l'avant-projet élaboré sous la présidence de M. van Berchem. Ce projet consacre, sans le suivre dans ses conséquences au point de vue de la preuve, le système contractuel de M. Sainctelette; il consacre, en outre, la théorie du risque professionnel.

Remarquons que ce projet ne vise pas uniquement les accidents du travail; il a une portée plus générale. Il comprend la réglementation de tout le contrat de louage. Commençant par définir le contrat, il fixe les conditions de celui-ci, indique la manière de déterminer le taux de la rétribution, la durée de l'engagement, ses modes d'extinction.

Mais une partie notable du projet, la seule qui nous intéresse, est consacrée aux accidents du travail.

Dans le système adopté par la commission, les accidents du travail sont divisés en trois catégories, dont l'énumération fait connaître toute l'économie de la loi :

(1) *Projet d'une proposition de loi*. Bruylant, Bruxelles, 1888.

(2) Cette commission, présidée par M. le conseiller à la Cour de cassation van Berchem, était composée en outre de MM. Adan, Dejace (rapporteur), Harzé et Prins.

« 1° Accidents dus à l'inobservation des obligations qui incombent à celui qui loue les services de l'ouvrier ou du domestique.

» En ce cas, action contractuelle de la partie lésée, nécessité pour elle d'établir la corrélation de l'accident avec l'omission des soins dont l'article 10, n° 3, et l'article 11, donnent la formule légale, et dommages-intérêts, réglés conformément à la loi du contrat, c'est-à-dire conformément aux articles 1149 à 1151, et 1153 à 1155 du Code civil;

» 2° Accidents provenant de causes étrangères au travail, ou de la faute de la victime elle-même.

» En ce cas, aucune réparation n'est due, à la condition, toutefois, pour l'employeur, de prester la preuve du fait qui le libère ;

» 3° Enfin, accidents de travail proprement dits, donnant droit à certaines indemnités, sans que la victime ait aucun devoir de preuve à fournir, si ce n'est d'établir que l'accident provient du travail ou du service (1). »

On peut donc diviser en deux classes les cas où une réparation est assurée à l'ouvrier.

I. Dans une première classe sont compris les dommages-intérêts dus à l'ouvrier, en vertu du droit commun, c'est-à-dire de l'action contractuelle qui lui est née contre le patron. Le patron, en effet, a l'obligation « de prendre, avec la diligence d'un bon père de famille, toutes les mesures propres à empêcher, autant que possible, que la sécurité de l'ouvrier ou du domestique soit compromise pendant l'exécution du travail ou du service, en proportionnant ces mesures aux dangers plus ou moins grands que celle-ci peut présenter, ainsi qu'à l'âge ou au degré d'apprentissage de l'ouvrier ou du domestique (2). »

Il résulte de ce texte que l'admission du principe contractuel ne modifierait en rien le régime de la preuve, tel qu'il existe dans le droit actuel. Ce point a fait l'objet de vives réclamations de la part de M. Sainctelette (3), qui reproche au projet de ne pas être logique, en ne consacrant pas l'interversion de la preuve. Nous croyons que, s'il est permis d'être partisan de la théorie Sainctelette et de rendre par conséquent l'ouvrier créancier de sécurité, cependant la solution du projet ne méconnaît en rien les principes contractuels, du moment que le patron n'a que l'obligation de veiller avec soin. Il est évident, d'ailleurs, que la disposition que nous venons de voir ne suffit pas ; elle n'améliore en rien la situation de l'ouvrier.

Outre l'obligation de veiller personnellement, qui incombe aux patrons, ceux-ci répondent encore : « comme de leur propre

(1) Rapport Dejace, p. 328.

(2) Art. 10, § 3.

(3) *Louage de services. Projet du gouvernement. Analyses et observations.* Brux., Bruylant, 1893. — Voy. *J. d. T.*, 1893, n° 982.

fait, du fait dommageable commis envers l'ouvrier ou le domestique par leurs préposés ou leurs autres ouvriers et domestiques, si le fait dont il s'agit rentre dans les fonctions, travaux ou services dont ceux-ci sont chargés » (art. 11).

Ce texte applique explicitement aux préposés entre eux la disposition de l'article 1384, § 3, du C. c., qui rend le maître responsable du fait de son préposé à l'égard d'un tiers. Mais le projet est plus strict que le Code, en ce qu'il exige que le fait du préposé rentre dans les fonctions, alors que le Code se contente d'un fait arrivé pendant les fonctions et en rapport avec celles-ci, mais sans exiger qu'il s'agisse d'un fait de charge. Nous avons dit, lorsque nous avons traité de l'article 1384, § 3, que, selon nous, cet article vise aussi bien le cocontractant que le tiers. Le texte du projet ne nous paraît donc pas indispensable. De plus, il nous semble mauvais en tant qu'il consacre une présomption *juris et de jure*, sans atténuation. A notre avis, la présomption *juris tantum* est plus conforme au droit en cette matière.

II. Bien que le système contractuel que nous venons d'exposer n'améliore pas la position de l'ouvrier, cependant, dans une catégorie nombreuse d'accidents, la situation que lui fait le projet est bien préférable à celle du droit actuel.

Dans une seconde classe d'accidents, en effet, le projet a consacré la théorie du risque professionnel. — D'après celle-ci, « les chefs d'industrie ou patrons s'engagent, par le contrat, à payer l'indemnité...... à l'ouvrier ou à la famille de l'ouvrier qui a été accidentellement tué ou blessé pendant l'exécution de son travail.

» Ils ne sont libérés de cet engagement qu'en prouvant que l'accident provient, soit d'une cause naturelle indépendante du travail ou de l'exécution du travail, soit du fait de personnes dont ils ne doivent pas répondre, ou d'un fait qui ne rentre pas dans les fonctions, travaux ou services dont leurs préposés, ouvriers ou domestiques sont chargés, soit, enfin, de la faute de la victime elle-même » (art. 13).

Pour bénéficier de cette disposition, une seule preuve doit être fournie par l'ouvrier, à savoir : qu'il s'agit d'un accident du travail. Preuve d'évidence, comme le fait remarquer M. Dejace.

Le risque professionnel soulève une double question : Quels accidents doit-il comprendre? A quelles personnes doit-il s'adresser?

A. Dans le système du projet, l'indemnité prévue par l'article 13 est accordée dans les cas d'accidents dont la cause est douteuse, lorsqu'il y a cas fortuit démontré, et enfin dans le cas où la faute dont l'un ou l'autre contractant s'est rendu coupable est sans gravité (1).

Sont donc exclues :

La faute grave de l'ouvrier; elle libère le patron de toute obligation ;

La faute grave du patron ; elle donne lieu, de la part de la victime, au recours à l'action contractuelle.

Ce système nous paraît heureux. Reconnaître l'existence de certains dangers inhérents à l'industrie et les mettre à charge de celle-ci est conforme à ce qu'exige la réalité des choses, pourvu que l'on n'écarte pas du droit commun les cas où une faute lourde doit entraîner une réparation plus complète.

On objecte à la théorie du risque professionnel que le patron doit être responsable, ou pour le tout, en cas de faute ; ou pour rien, s'il n'est pas en faute (2). Ceux qui font cette objection, ne perdent-ils pas de vue le nombre cependant si considérable des cas douteux ? Ne méconnaissent-ils pas la réalité du danger propre de l'industrie, danger que celle-ci doit supporter ?

B. Le projet de M. van Berchem étend la théorie du risque au domestique aussi bien qu'à l'ouvrier, avec cette seule restriction que, pour les domestiques, il doit être établi « que le service pendant lequel ils ont été tués ou blessés, ainsi que le mode d'exécution de ce service leur étaient imposés par le contrat, ou leur ont été expressément ordonnés par le chef de ménage ou par l'un de ses préposés à ce autorisé » (art. 14).

Cette extension du risque aux simples domestiques n'a pas passé sans soulever une vive discussion au sein de la commission (3). MM. Dejace et Prins, partisans du risque en ce qui concerne la grande industrie, les ateliers « machinés », désiraient au contraire laisser le domestique soumis au droit commun. Telle est aussi la solution que nous préférons. Pour la

(1) Ces fautes peu graves sont indiquées par les art. 15 et 16 : l'article 15 concerne les maladresses légères de l'ouvrier qui peuvent être dues à l'âge et aux conditions de travail ; l'article 16 prévoit les fautes qui ne sont pas l'oubli des devoirs essentiels prévus par l'article 10, § 3.

(2) Morisseaux, *Congrès international de Paris*. Grüner, t. II, p. 240.

(3) Séances des 28 février, 4 avril 1891. — Voy. aussi, *Congrès international de Paris de 1889*, t. I, p. 236, l'avis de Cheysson dans le même sens.

grande industrie seule se fait sentir l'opportunité de cette solution.

En effet, la théorie du risque professionnel, en allouant une indemnité dans les cas où la cause de l'accident est obscure, indemnise parfois, dans la réalité, un ouvrier en faute. Cette théorie se comprend cependant, dans la grande industrie. Ici, la preuve est toujours plus difficile, et le milieu machiné et dangereux permet de supposer que la majorité des accidents est due aux dangers inhérents à l'atelier. Il n'en est pas de même de la petite industrie, encore moins des domestiques. Ici, la preuve est plus facile, le milieu normal, le nombre des accidents moins grand, le mystère qui les entoure plus facile à éclaircir. Pourquoi, dès lors, déroger au droit commun ?

Bref, nous bornerions l'application du risque professionnel à la seule grande industrie.

L'indemnité due par le patron, en cas de risque, est fixée par le texte du projet. Cette limitation est juste ; la réparation est due, non qu'il y ait faute, mais comme une suite fatale de l'industrie. Remarquons, au surplus, que cette limitation ne fait pas obstacle à ce qu'une certaine différence soit faite entre le pur cas fortuit et l'hypothèse d'une faute légère. En effet, ainsi que l'a fait remarquer M. van Berchem, le juge a une certaine latitude entre le maximum et le minimum établis par la loi.

Après avoir émis ces principes, le projet pourvoit également aux mesures d'exécution qui en sont la conséquence. Nous nous contenterons de les signaler. Les dommages-intérêts et l'indemnité sont garantis par l'insaisissabilité, l'incessibilité, le privilège. Le projet prohibe les conventions qui auraient pour objet de porter atteinte aux dispositions de la loi. Enfin, il touche à la question des assurances. Celles-ci, dans le système du projet, sont tantôt facultatives, tantôt obligatoires.

Tout patron peut contracter une assurance sans jamais pouvoir ainsi se libérer de sa faute grave. L'assurance peut, d'une part, être contractée par le patron à son profit, en vue de s'assurer contre le recours de ses ouvriers, du chef de l'indemnité qu'il leur doit éventuellement ; d'autre part, le patron peut aussi assurer ses ouvriers soit individuellement, soit collectivement, en vue de s'exonérer de toute obligation qui lui incomberait du chef de l'article 13 (1).

L'assurance obligatoire, enfin, est imposée par le projet aux industries particulièrement dangereuses. Pour celle-ci, les membres de la commission ont reconnu la nécessité d'une certaine intervention de l'Etat, sans indiquer cependant la forme d'assurance obligatoire qui devrait être adoptée.

Une autre partie du projet, et la plus considérable, s'occupe de la constatation des accidents, de la procédure et de la compétence. Elle a pour but de rendre celles-ci promptes, gratuites et faciles. Les critiques n'ont pas manqué à cette subdivision du projet. On a reproché aux auteurs de la loi d'avoir empiété sur le domaine administratif (2), d'avoir établi un système de constatation des accidents, vexatoire pour le patron et hérissé de difficultés (3).

Certes, ces critiques sont fondées; mais il importe cependant de ne pas perdre de vue la difficulté et la complication de la matière, en vue d'arriver à un résultat satisfaisant. Nous n'entrerons d'ailleurs pas dans le détail de la loi.

Le projet de loi termine en déterminant certaines mesures préventives et en sanctionnant efficacement les prescriptions qu'il impose. Remarquons que pour quelques-unes de ses dispositions, le projet fait une différence entre l'ouvrier et le simple domestique, différence réclamée par la nature des choses.

Tel est, à grands traits, le projet de loi dû à la commission gouvernementale.

Nous n'examinerons pas la législation étrangère sur les accidents du travail, notre but n'étant pas, comme nous l'avons déjà dit, de traiter cette matière *ex professo*. Constatons cependant l'existence d'une tendance marquée à consacrer le système de l'assurance, mais avec une portée variant de pays à pays (4).

(1) Cet article est relatif au risque professionnel.

(2) Sainctelette, *Louage de services... Analyses et observations.*

(3) 2 brochures : *Observations d'un industriel liégeois; Avis de la chambre de commerce de Liège.* (*Huy, Waremme.*)

(4) Voy. l'exposé des législations étrangères fait notamment dans les travaux suivants : *Les accidents du travail et de l'industrie*, par M. Gibon, p. 7. Paris, 1890. — *Congrès international des accidents du travail*, Paris, 1889 (Grü-

A notre avis, nous l'avons dit, l'assurance, si elle est bonne, ne suffit cependant pas. Il importe que les principes de la responsabilité soient établis. A cet égard, une loi spéciale s'impose à l'effet de réglementer la matière des accidents dus à la grande industrie; cette loi consacrerait la théorie du risque professionnel, sans comprendre la faute grave.

En ce qui concerne la petite industrie et les domestiques, la législation de droit commun nous paraît suffisante.

ner). V. Rapport de Numa Droz; de Dejace, p. 364-407. — Deffès, *De la responsabilité des patrons dans les accidents dont leurs ouvriers sont victimes*, p. 125 et suiv. — *Projet d'une proposition de loi*, Sainctelette, p. 24 et suiv.

CHAPITRE IV.

EXTINCTION DE L'OBLIGATION RÉSULTANT DU DÉLIT OU DU QUASI-DÉLIT. — PRESCRIPTION.

Les modes d'extinction de l'action délictuelle sont, d'une manière générale, les mêmes que ceux qui mettent fin à l'obligation conventionnelle. Nous avons déjà vu que le chapitre 5 du titre troisième, livre troisième du C. c. est applicable à notre matière, à l'exception des dispositions qui, par la force des choses, doivent être restreintes aux contrats (1).

La chose jugée et le désistement produiront ici leur effet, comme en toute autre matière. Remarquons seulement que l'effet du désistement n'est pas toujours identique. Si l'action est intentée devant les tribunaux civils, il faut recourir aux règles ordinaires. L'action a-t-elle, au contraire, été amenée devant le juge répressif, le désistement n'aura son plein effet que s'il intervient dans les vingt-quatre heures ; après ce délai, le demandeur demeure passible des frais et autres conséquences de son intervention, même postérieures au désistement.

Seule, la prescription, parmi les modes d'extinction de l'obligation délictuelle, doit nous arrêter quelque temps.

La prescription normale de l'action civile est la prescription trentenaire (art. 2262) qui forme la règle du C. c. En effet, le Code n'ayant pas dérogé à ce principe dans notre matière, celui-ci doit y recevoir son application.

Mais le fait dommageable et illicite aux termes de l'article 1382 peut, en même temps, constituer une infraction à la loi pénale

(1) Telles sont la perte de la chose due (1302), la condition résolutoire (1183), la nullité et la rescision (1304 et suiv.).

et donner ouverture à l'action publique. Dans ce cas, aux termes des articles 21, 22, 23 de la loi belge du 17 avril 1878 contenant le titre préliminaire du Code de procédure pénale (1), la même prescription s'applique à l'action civile et à l'action publique issues d'une même infraction. C'est une profonde dérogation au principe de l'article 2262.

Cette dérogation a sa source dans des raisons d'ordre public. Le législateur a pensé qu'il ne devait plus être permis de recourir à la justice à l'effet d'obtenir satisfaction pour un fait prévu par la loi pénale, alors que la société est impuissante à atteindre et à réprimer un pareil fait; ainsi, en effet, une infraction pourrait être prouvée, et resterait néanmoins impunie (2).

La règle de la loi de 1878 s'applique quel que soit le moment auquel l'action civile est intentée, et quelle que soit la juridiction devant laquelle cette action est introduite.

Quelle portée convient-il d'attribuer à cette règle? Est-ce à dire que jamais la partie lésée n'a le moyen d'agir au civil à propos d'un fait soumis à l'action publique quand celle-ci est prescrite?

Non; la partie lésée conserve, dans certaines conditions, l'action trentenaire, conformément au droit commun.

Tel est le cas :

1° Lorsque le demandeur présente le fait, prévu par l'article 1382, de manière à ce qu'il ne résulte pas de la demande portée devant le juge civil que ce fait constitue une infraction, mais apparaisse seulement comme un manquement à l'article 1382. Le défendeur, en effet, ne peut être admis à prouver le caractère culpeux au point de vue répressif; il bénéficierait par là de sa méchanceté : « *nemo creditur propriam turpitudinem allegans.* » Les juges ne peuvent autoriser la prestation de pareille preuve (3).

Mais il faut que le caractère punissable du fait disparaisse pour le juge civil; il ne suffirait évidemment pas d'éviter sim-

(1) Ces dispositions correspondent aux articles 2, 637, 638, 640 du Code d'Instruction criminelle français.

(2) M. Laurent, et nous partageons son avis, estime que cet argument est de faible portée. Voy. *Avant-projet...*, sous l'article 1139, n° 3 et suiv.

(3) Sourdat, *Traité...*, n° 379.

plement les termes qui marquent communément l'infraction.

2° Lorsque le demandeur base sa demande, non sur l'article 1382, mais sur un autre texte spécial du Code. En effet, l'exception consacrée par la loi de 1878 vise uniquement « l'action civile. » Et que faut-il entendre par cette expression ? L'action civile, dont il est ici question, comprend exclusivement l'action prévue par l'article 1382. Or, la victime d'un acte préjudiciable a souvent le droit d'exercer, pour un fait constituant une infraction, non seulement l'action délictuelle, mais une action fondée sur une autre base, telle l'action contractuelle et quasi-contractuelle. Dans ce cas, la prescription normale de pareille action doit être maintenue (1).

Aubry et Rau, Duranton, Troplong, Sourdat s'accordent pour reconnaître cette seconde dérogation à la loi de 1878, lorsque le demandeur fonde son action sur l'inexécution d'une obligation conventionnelle.

Pour être rationnelle, cette exception doit s'appliquer dans tous les cas et à tous les contrats, notamment au contrat de transport et à la matière des accidents du travail. Bien que ces cas tombent nécessairement sous l'application de l'article 418 C. p. belge, et qu'il soit impossible, en conséquence, de cacher leur caractère d'infraction au droit pénal, cependant, si on part du principe que nous avons établi (2), la logique exige de maintenir la prescription trentenaire.

« Quelle raison pourrait-il y avoir de résoudre autrement cette même question, quand c'est du contrat de transport ou du contrat de travail qu'il s'agit de régler les suites (3) ? »

Mais ce n'est pas uniquement l'existence du contrat qui permet de conserver l'action trentenaire ; il doit en être de même de tout droit quelconque reconnu par le Code civil et en vertu duquel existe une action spéciale ; telle est la revendication.

Jugé ainsi par la Cour de cassation, le 3 mai 1861 :

« Attendu... que cette demande était ainsi fondée sur l'atteinte portée à un des attributs du droit de propriété que X prétendait exercer comme riverain du V, et qu'elle trouvait sa justification dans l'article 644 du Code civil; qu'en réalité cette action ne tendait donc point à la réparation civile due à raison

(1) Demolombe, t. XV, p. 231.

(2) A savoir que la loi de 1878 prévoit uniquement l'action basée sur 1382 et n'a rien de commun avec l'action contractuelle.

(3) Sainctelette. Voy. *Mémoire pour Mme de Sitler...*, *etc.*

d'une contravention de simple police, contravention qui n'était pas invoquée, et dont l'existence, dans son système comme dans celui accueilli par l'arrêt attaqué, n'était aucunement nécessaire au succès de sa demande, que cette demande n'était donc point soumise à la prescription annale (1). »

M. Sourdat, dans son traité de la *responsabilité civile*, n'admet pas que l'action en revendication puisse, le cas échéant, s'exercer après extinction de l'action publique.

Nous préférons l'opinion contraire professée par Duranton, Troplong, Demolombe et Laurent. Ces derniers auteurs estiment que le droit réel (*dominium*) doit avoir la même énergie que le droit personnel (*obligatio*).

Sourdat nous objecte que : « Toute action en dommages-intérêts suppose aussi un droit antérieur auquel il a été porté atteinte. Que ce soit le droit de propriété ou tout autre, la règle est la même. Les autres facultés dont nous jouissons et que les lois sociales nous garantissent, la sûreté, la liberté, la faculté d'aller et de venir sont des droits tout aussi importants, tout aussi sacrés que le droit de propriété (2). »

Cette objection ne s'adresse-t-elle pas avec la même force au droit né du contrat qu'à celui qui naît de la propriété? De plus, il y a cette différence entre les droits que Sourdat énumère et la revendication, que cette dernière seule est prévue par un texte spécial du Code civil; or, de ce texte résulte un droit spécial, une action spéciale, « la revendication, » qui ne se confond pas avec l'action civile, délictuelle, et qui par conséquent n'est pas soumise à la disposition de la loi de 1878, dérogatoire au droit commun, mais au contraire exige l'application du principe général de l'article 2262.

Une dernière question se présente en matière de prescription. Le droit actuel est-il satisfaisant? Nous n'hésitons pas à répondre négativement. Il n'est pas rationnel, en effet, que par suite de certaines manœuvres, il soit possible d'arriver, pour un fait identique, à des différences énormes de prescriptions (3); il n'est surtout pas équitable qu'une faute grave soit soumise à une prescription plus courte que celle qui régit une faute de loin plus légère. Tels sont cependant les résultats de notre législation.

Une modification s'impose à cet égard; mais à quel ordre de

(1) *Pas.*, 1861. 1. 397.
(2) *Traité...*, n° 380, p. 288 *in principio*.
(3) En cachant soigneusement le caractère de délit pénal devant le juge civil.

dispositions convient-il d'accorder la préférence? Au Code ou à la loi de 1878? La Commission de revision du Code civil s'est ralliée à une prescription de courte durée. L'article 9 de son projet est ainsi conçu :

« L'action en réparation du dommage résultant d'un acte illicite, non qualifié par la loi pénale, se prescrit par trois ans, à compter du jour où la partie lésée a pu connaître le dommage et la personne qui en est l'auteur, et, au plus tard, par dix ans à compter du jour où le dommage a été causé. »

Le rapporteur, M. van Biervliet, cite d'abord les paroles prononcées par MM. de Lantsheere et Thonissen, dans la Chambre des représentants belges, dans laquelle M. de Lantsheere s'exprima comme suit : « ...En effet, il me semble infiniment raisonnable de dire qu'un individu qui a eu à se plaindre d'une infraction à une loi criminelle, et qui laisse s'écouler dix années sans juger à propos d'intenter une action, doit être censé y avoir volontairement renoncé (1). »

M. Thonissen émit l'opinion que : « La mise en jugement de l'inculpé à une époque trop éloignée de la perpétration de l'acte qui sert de base aux poursuites, présente de graves inconvénients. Les souvenirs s'effacent, les preuves de l'innocence du prévenu dépérissent, les personnes pouvant servir de témoins à décharge meurent, la défense devient difficile, sinon impossible (2). »

Après avoir cité ces autorités, M. van Biervliet conclut : « Ces excellentes raisons s'appliquent avec une force égale à tous les cas où l'on impute à quelqu'un des actes illicites d'une nature grave, quelles que soient les conséquences juridiques qu'on veuille en tirer contre lui. Il importe, dans tous ces cas, de lui assurer les moyens de se défendre efficacement contre des accusations calomnieuses (3). »

Nous partageons cette manière de voir; aussi admettons-nous les délais indiqués par l'article 9 du projet de la Commission. La prescription trentenaire ne répond plus aux exigences de notre droit (4).

Si nous nous rallions au texte que nous venons d'examiner, en ce qui concerne les délais, il n'en est pas de même pour ce qui concerne les termes « a pu connaître. » Nous préférerions mettre ici les mots « a eu connaissance, » qui se trou-

(1) Séance du 4 décembre 1877.

(2) Documents parlementaires, session 1876-1877, p. 318, 319 (Voyez note suivante).

(3) Rapport van Biervliet, p. 12.

(4) Mais l'article 9 de la commission belge de revision est exclusivement réservé aux actes illicites prévus par 1382. Il importerait cependant de mettre d'accord, au point de vue de la prescription, toute action du droit civil intentée pour un fait qui tombe sous l'action publique.

vent dans le deuxième projet de Code civil allemand (1). Il nous semble naturel de ne faire courir la prescription de l'acte illicite qu'à partir du moment où la preuve est fournie que la victime a eu connaissance du dommage et de son auteur. Quelle faveur le défendeur mérite-t-il? S'il ne peut prouver que le demandeur a eu réellement la connaissance exigée, il restera soumis à la prescription de dix ans. Il ne faut pas perdre de vue, d'ailleurs, que le juge peut baser sur toute preuve, y compris les présomptions de l'homme, sa conviction que le demandeur a connu le dommage et celui qui en est l'auteur.

(1) § 775, 1° : « L'action en réparation se prescrit par trois ans du moment où la victime a eu connaissance du dommage et de son auteur; et, en tous cas, par trente ans depuis la perpétration de l'acte. »

CONCLUSION.

Pour terminer, il ne sera pas sans intérêt, pensons-nous, de résumer rapidement les points les plus importants du présent travail.

Retraçons d'abord le *plan général* de notre étude. Nous avons successivement examiné les conditions d'existence et les effets de l'acte illicite, ce qui se rapporte à l'action, à la compétence, à la modalité, à la preuve et enfin à l'extinction en matière de responsabilité.

Dès l'introduction, nous avons établi un principe qui revient ensuite à différentes reprises, savoir : qu'un même fait, pouvant constituer à la fois un manquement au contrat et à la loi, donne droit, dans ce cas, de recourir soit à l'action contractuelle, soit à l'action délictuelle. Application de ce principe à été faite aux accidents de transport et de travail, à la responsabilité que les commettants encourent à l'égard de leurs préposés, ainsi qu'à la responsabilité fondée sur les articles 1385 et 1386, lorsque la victime et l'auteur sont en rapports contractuels.

Le premier chapitre s'occupe des conditions d'existence de l'acte illicite : le préjudice et la faute.

En ce qui concerne le préjudice nous avons admis l'opportunité du recours à la justice afin d'éviter un dommage éventuel (*damnum infectum*).

La faute constitue le second élément de l'acte illicite ; elle comprend l'imputabilité et l'illicéité.

L'imputabilité est nécessaire dans notre droit. Sous l'empire de notre code, en effet, le principe « pas de responsabilité sans faute » est absolu, et il n'y a aucune raison d'y déroger. Cependant, avons-nous ajouté, il est possible de concevoir et de justifier, dans certains milieux, une obligation de réparer imposée à un inconscient.

A propos de l'illicéité se présentait la question du conflit de droits ; selon nous, les principes de la faute donnent une solution satisfaisante à cette question. Cela résulte de la conception exacte du terme « droit », comme l'a si bien établi M. van Biervliet (1).

Nous avons ajouté au chapitre premier quelques cas intéressants d'application de la responsabilité civile.

Le deuxième chapitre du travail est consacré à l'examen des effets de l'acte illicite, à l'action en responsabilité ainsi qu'à quelques questions de compétence; il se termine par une question relative à la solidarité.

Parlant des modes dont la réparation peut être obtenue, nous avons soutenu que les clauses élisives et limitatives de responsabilité sont toujours licites lorsqu'elles ne visent que la faute légère.

L'examen des éléments d'appréciation de la réparation nous a amené à préconiser le système qui tiendrait compte, pour l'évaluation des dommages-intérêts, du degré de gravité de la faute de l'auteur du fait. Ce système est équitable et s'accorde avec les principes de la faute qui dominent notre matière.

En matière de compétence, nous avons déterminé les cas dans lesquels les tribunaux consulaires et les juridictions répressives sont compétents ; nous avons abordé ensuite la question de la responsabilité de l'Etat. L'Etat peut agir sous deux aspects différents : à titre de personne privée, comme puissance publique. Dans le premier cas seulement, il est permis de le rendre responsable ; aussi, chaque fois que réparation est due pour lésion de droits civils, y a-t-il par là même une personne privée qui cause cette lésion.

Nous avons ensuite examiné quelques points relatifs à la compétence. A propos de la compétence respective du juge civil et du juge répressif, nous avons, en ce qui concerne l'autorité due à la chose jugée, professé une opinion qu'un examen ultérieur nous oblige à modifier.

Nous disions, en parlant de l'influence que peut avoir, au

(1) Voy. Rapport de la Comm. gouv. de revision du C. civ.

civil, un acquittement intervenu devant la juridiction pénale : « Ainsi, l'acquittement intervenu à raison du défaut... de preuve suffisante, sera sans influence sur la décision civile, car... il ne faut pas perdre de vue qu'en matière civile, le juge peut se contenter de simples présomptions, tandis qu'en matière pénale une preuve absolue est requise. »

Déterminons d'abord l'hypothèse prévue : il ne s'agit pas d'affirmer que le juge civil est désarmé par tout acquittement; il peut arriver, en effet, qu'un fait, sans présenter les caractères d'un délit pénal (1), constitue cependant une faute civile passible de réparation. Nous n'envisageons ici que l'hypothèse où la faute pénale et la faute civile se confondent, de manière que l'inexistence de l'une entraîne l'inexistence de l'autre.

Dans ce cas, la distinction tranchée que nous avions établie entre le degré de preuve suffisant soit au point de vue civil, soit au point de vue pénal pour prouver l'existence du *même* fait, est erronée. Il n'est pas juridique de dire à priori que l'une preuve doit être plus absolue que l'autre. En principe, le juge répressif, aussi bien que le juge civil, peut former son jugement par toutes voies de droit; une chose est requise de l'un comme de l'autre : la conviction; et celle-ci, le juge répressif, tout comme le juge civil, peut l'acquérir à la faveur de présomptions. Si la décision civile contredit la conviction exprimée par la juridiction pénale, il y a violation du principe de la chose jugée; c'est, en effet, permettre au juge civil de reconnaître le délit pénal (puisque nous supposons qu'il ne fait qu'un avec la faute civile) là où le juge répressif a décidé qu'il n'était pas établi, — peu importent les motifs de cette dernière décision; ce qui doit nous occuper, c'est le dispositif : l'acquittement.

Une application de l'erreur que nous signalons a été faite au cours de notre travail à propos de l'article 418 du Code pénal. Cet article, en effet, vise un cas où la faute civile et la faute pénale se confondent. — Après avoir admis que la preuve de l'inexistence de la faute pénale entraîne l'inexistence de la faute civile, nous avions fait la restriction suivante : « L'acquittement peut être basé sur le doute, sur l'insuffisance de la preuve. Or, si le juge répressif doit, pour punir, exiger une preuve absolue, il n'en est pas de même en matière civile. »

(1) Par défaut d'intention, par exemple.

D'où la conclusion que, dans le cas prévu, les dommages-intérêts pouvaient être prononcés.

Nous avons déjà relevé l'erreur. Remarquons seulement qu'elle aboutit pratiquement au même résultat que de déclarer que la faute civile peut se présenter, dans le cas visé, sans qu'il y ait faute pénale, puisque le juge civil condamne du chef du fait que le juge répressif a considéré comme non établi. Or, si cette théorie pouvait se concevoir sous l'empire du Code de 1810, il n'en est plus de même sous le Code belge de 1867.

En résumé, à la suite des *Pandectes belges*, nous concluons que : « Quand il s'agit de délits de ce genre (prévus par l'art. 418 C. P. belge), l'acquittement au correctionnel, *quels qu'en soient les motifs*, rend l'action civile non recevable, parce que le fondement de celle-ci ne pourrait être établi sans qu'il en résultât que le fait était punissable, ce qui serait en contradiction avec la chose jugée (1). »

Le chapitre se termine par l'examen du point de savoir si la solidarité s'applique à notre matière dans certains cas particuliers. A notre avis, cette solution, bien que désirable, n'est pas celle du droit actuel.

Dans le troisième chapitre, nous abordons la question de la preuve. Le principe général « *actori incumbit probatio* » reçoit dans notre matière de graves dérogations par l'admission de présomptions légales. Ces présomptions, basées toutes sur une faute supposée dans le chef de la personne civilement responsable, ont cependant en partie leur justification dans des considérations d'opportunité ; il en est surtout ainsi de la présomption rigoureuse qui frappe les commettants.

Dans quels cas y a-t-il présomption ?

Nous ne saurions admettre que l'article 1384 alinéa 1er constitue une dérogation au droit commun dans la législation actuelle. Cependant, cette solution nous paraît désirable.

L'article 1386 a un caractère exceptionnel en tant qu'il s'attaque au seul propriétaire; il ne se justifie pas.

Une présomption de responsabilité frappe les parents pour le dommage causé par leurs enfants. Celle-ci devrait être étendue, conformément au système du deuxième projet de Code allemand, à toute personne chargée de la garde, soit d'un in-

(1) *Pandectes belges*, vº *Acquittement*, nº 333.

conscient, soit d'un mineur, et comprendre, par conséquent, les instituteurs et artisans.

Une présomption de responsabilité est aussi édictée par l'article 1385 ; elle cède devant la preuve contraire pure et simple.

Enfin, la responsabilité des commettants, basée tant sur le droit de direction que sur le choix qui est fait du préposé, constitue une présomption absolue. D'après le texte même, cette présomption est cependant limitée en ce que la victime doit prouver la faute personnelle du préposé et la circonstance que le dommage a été commis pendant les fonctions. La présomption rigoureuse qui frappe les commettants devrait, ce nous semble, disparaître. Il est plus conforme aux principes de la faute, qui nous guident dans toute cette matière, de permettre toujours la preuve contraire.

Dans le chapitre de la preuve rentre naturellement la question des accidents du travail. Notre droit actuel permet à la victime de pareil accident de recourir soit à l'action délictuelle, soit à l'action contractuelle ; dans les deux cas, le fardeau de la preuve retombe sur l'ouvrier, ce qui n'est pas équitable.

Plusieurs réformes de droit civil ont été proposées à l'effet d'améliorer cet état de choses. Nous nous sommes déclaré partisan de l'idée générale du système consacré par le projet de loi van Berchem (1), en ce qui concerne la réparation.

A côté de l'action de droit commun, que l'ouvrier tient du contrat et en vertu de laquelle c'est à lui à fournir la preuve, ce projet introduit le système du risque professionnel. En effet, à tout ouvrier victime d'un accident de travail, il accorde une indemnité en cas de force majeure, au cas fortuit et au cas de faute légère, soit de l'une, soit de l'autre partie.

A propos de la question des accidents du travail il nous reste à dire un mot de l'avant-projet élaboré tout récemment par une commission gouvernementale belge, composée de membres du Conseil supérieur du travail (2).

Ce projet, dans la partie traitant des accidents du travail (chap. V, art. 21 à 29), adopte dans leurs grandes lignes les

(1) Avant-projet de loi sur le contrat de louage..., 1891.

(2) *Avant-projet de loi sur le contrat de travail.* Texte et rapport par M. A. Prins, président rapporteur de la commission, membre du conseil supérieur du travail. Bruxelles, Weissenbruch, 1896.

principes du projet de M. van Berchem, dont nous avons parlé au cours de la présente étude.

En effet, l'un comme l'autre des deux projets rejette la responsabilité délictuelle pour reconnaître la responsabilité contractuelle, sans en arriver cependant à la théorie Sainctelette, qui consacre l'interversion de la preuve. Aussi les deux projets introduisent-ils le principe dit du risque professionnel.

En ce qui concerne les cas d'accidents tombant sous la notion du risque professionnel, les deux projets présentent également une grande analogie, tous deux excluent la faute lourde; une différence les sépare cependant : tandis que le projet de M. Prins ne range que la faute légère de l'*ouvrier* parmi les cas de risque professionnel, le projet de M. van Berchem met, et avec raison, la faute légère du patron sur le même pied. Certes, le patron est plus libre, sa situation diffère de celle de l'ouvrier, mais cela ne doit pas porter atteinte au principe, il appartient au juge de se montrer plus sévère; et c'est particulièrement dans la petite industrie, dans laquelle le patron n'est guère qu'un ouvrier, que le principe du projet de M. Prins paraît dur.

Mais où la différence entre les deux projets est profonde, c'est dans l'organisation du système du risque professionnel. Tandis que M. van Berchem se base sur le droit civil, M. Prins s'est tourné vers la loi sociale et a recouru aux assurances.

Nous préférons maintenir le principe du droit civil non seulement pour la responsabilité de droit commun, mais encore pour expliquer l'introduction du risque professionnel. Et en effet ne peut-on pas dire que ce risque constitue une obligation résultant du contrat de travail, dans les conditions dans lesquelles celui-ci se fait actuellement; obligation que nous faisons retomber sur le patron; n'est-ce pas lui l'auteur du milieu machiné, n'en a-t-il pas la direction, les gros profits ne lui reviennent-ils pas, enfin n'est-il pas beaucoup plus libre en réalité que l'ouvrier dans leurs rapports réciproques?

Bref, nous préférons ici le système de M. van Berchem, n'admettant l'assurance qu'accessoirement et estimant qu'une règle de droit civil doit dominer toute la matière.

Dans son article 26, le projet de M. Prins écarte la réparation du dommage moral. Si cette exclusion se comprend pour le cas de risque professionnel, il semble cependant que l'admettre même pour la responsabilité de droit commun, c'est porter une profonde atteinte au principe même de la réparation du dommage moral, universellement admis.

L'article 29 du deuxième projet, défendant toute stipulation contraire au principe de responsabilité posé, nous paraît indispensable ; ne pas l'admettre dans notre loi, c'est, à notre avis, lui enlever presque toute sa valeur.

Le projet de M. Prins ne s'occupe que des ouvriers, et c'est avec raison, pensons-nous; il nous semble impossible, en effet, ainsi que nous l'avons dit dans la matière des accidents, de ne pas faire une distinction tranchée entre ouvriers et domestiques; pour ces derniers, un droit aussi spécial ne se justifie pas. Il semblerait même désirable de ne pas mettre sur le même pied la grande et la petite industrie.

La question de la preuve de l'accident dû au risque professionnel a reçu, dans les deux projets, la même solution. Dans l'un et l'autre, l'ouvrier n'a qu'à faire la preuve d'évidence : 1° de l'accident; 2° de ce que celui-ci est survenu au cours du travail; cette preuve faite, l'indemnité légale lui sera accordée.

Nous apprenons à l'instant que la partie du projet de M. Prins, examinée ci-dessus, a subi quelques remaniements conformes aux vœux de certains membres du Conseil supérieur du travail.

En conséquence, un texte nouveau a été voté en première lecture par le Conseil supérieur du travail en séance du 9 juin 1896. Ce texte, que le Conseil s'est réservé le droit d'amender en seconde lecture, après avoir pris connaissance du projet d'organisation du risque professionnel, demeure, dans ses grandes lignes, fidèle au projet primitif : responsabilité contractuelle complétée par le risque professionnel. Il présente toutefois certains points de différence avec le premier projet. D'abord, il assimile la faute légère du patron à celle de l'ouvrier (art. 26); ensuite, il supprime l'article 26 du texte primitif, statuant que la réparation ne comprendra que le dommage matériel. Le deuxième texte supprime encore l'article 28 du premier projet, laissant ainsi les suites de la transaction en cas d'accident soumises au droit commun. Enfin, le nouveau texte insiste particulièrement sur ce point que la seule faute grave reste soumise au droit commun (art. 22, 23, 24); il va même jusqu'à définir celle-ci dans son article 25 : « La faute grave consiste dans la violation consciente des devoirs essentiels concernant la sécurité. » Cette définition est-elle d'une grande utilité pratique? Ne vaut-il pas mieux laisser cette question dans le domaine du fait, à la libre appréciation du juge ?

Remarquons, pour terminer, qu'il semble que l'article 21 du deuxième projet (1) devrait, pour être complet, contenir également la restriction à la faute grave, puisque tel est le principe du projet.

Nous ne nous arrêterons plus à la question de la prescription dans la matière; nous avons déjà dit ailleurs qu'une diminution des délais de la prescription s'impose pour toute la matière de la responsabilité.

Enfin, *un dernier chapitre* de notre étude prévoit les modes d'extinction de la responsabilité civile.

A cet égard, nous avons fait ressortir les inconvénients de la législation actuelle par rapport à la prescription, les anomalies qu'elle contient, et nous nous sommes rallié à la prescription adoptée par la Commission belge de revision du Code civil, qui est plus conforme aux besoins de notre droit, et met en harmonie l'action publique et l'action civile.

(1) Chacune des parties est responsable de l'inexécution de ses obligations.

TABLE DES MATIÈRES

INTRODUCTION.

CHAPITRE PREMIER.

CHAPITRE II.

EFFETS DU DÉLIT ET DU QUASI-DÉLIT. — COMPÉTENCE. — SOLIDARITÉ.

CHAPITRE III.

DE LA PREUVE.

CHAPITRE IV.

TOULOUSE. — IMP. A. CHAUVIN ET FILS, RUE DES SALENQUES. 28.

www.ingramcontent.com/pod-product-compliance
Ingram Content Group UK Ltd.
Pitfield, Milton Keynes, MK11 3LW, UK
UKHW031843260826
14628UKWH00002B/545

9 782013 662468